공주의
인물을
만나다

한국사에 새겨진
공주의 인물과
역사 이야기

공주의
인물을
만나다

김정섭 지음

메디치

"오늘의 공주를 만들어온 인물은 누구인가?"

'공주는 한반도에서 가장 살기 좋은 곳'이라고 인사말을 할 때가 있습니다. 금강변 석장리에서 초기 구석기 때부터 인류가 처음 살기 시작한 것을 예로 듭니다. 공주는 삼국시대에 백제의 수도였고 통일신라 – 고려 – 조선시대까지 오늘날의 광역시와 같은 행정중심지였습니다. 또, 1930년대까지 330년 동안 충청도관찰사 또는 충청남도지사가 부임해 도정을 관장한 것을 보면 공주는 중부권 역사의 중핵 역할을 했음이 틀림없습니다.

우리 역사에서 이 정도 유구한 역사와 무게감을 가진 도시는 찾아보기 어렵습니다. 이것은 공주 사람들에게는 자긍심의 튼튼한 근거일 뿐 아니라 미래 발전의 발판이 된다고 생각합니다. 공주의 독특한 역사적 역할과 무게감은 어디에서 나왔는가? 공주의 역사는 어떻게 펼쳐져 왔는가? 거기서 주요한 역할을 한 '공주 사람들'은 누구였던가? 이것이 저의 오랜 관심사였습니다.

이 책에서는 공주의 역사 속 인물과 주요 사건을 통해 공주의 정체성을 조명해 보았습니다. 수많은 연구자가 오랜 시간 노력해서 밝혀낸 사실들을 제 나름의 시각으로 엮어본 것입니다. 이 책을 통해 더 많은 분이 공주의 진면목에 가까이 다가갈 수 있기를 바랍니다.

요즘 '자치'와 '분권', '균형발전'이 미래의 경쟁력으로 많이 이야기되고 있습니다. 저는 자기 지역의 역사적 정체성을 따져보는 일부터 시작하자고 말하고 싶습니다. 철학이 흐릿한 자치와 분권은 방임으로 흐를 수 있고 지역 정체성을 간과한 균형발전은 자원 나눠 갖기에 그칠 수 있기 때문입니다.

책을 내는 데 도와주신 많은 분을 여기에 일일이 열거하지 못함이 아쉽고 송구합니다. 이 책의 말미에 '함께 읽을 책' 목록을 적어 놓았으니 많이 활용하시기 바랍니다. 고맙습니다.

2022년 1월
김정섭 드림

차례

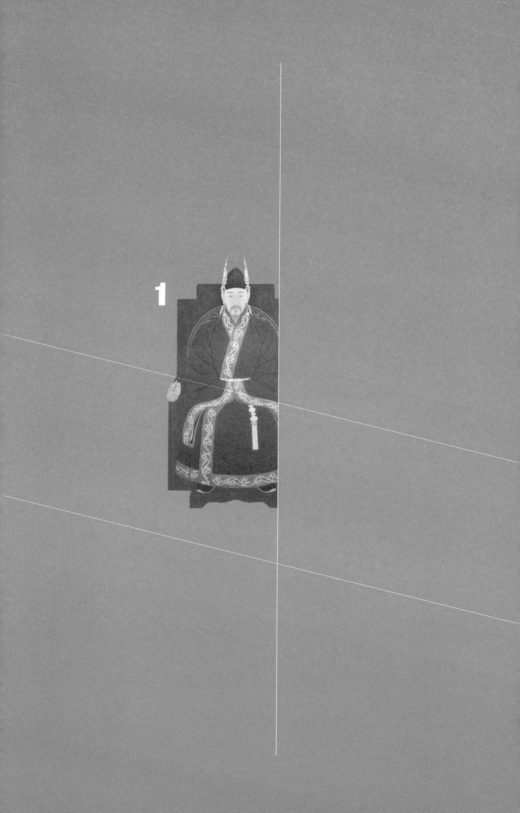

백제와
통일신라시대

웅진백제시대의 개막

–

웅진 천도로 한숨 돌린 백제왕조

한반도의 5세기는 고구려의 영토 확장 야망이 한참 불타오르던 시기
였다. 고구려의 제20대 장수왕(413~492)은 선왕 광개토왕이 다져놓은
기세를 발판 삼아 남진정책을 강화하며 도읍지를 국내성(현 중국 지린
성 지안현)에서 평양성으로 옮긴 후 백제와 신라를 위협했다.

고구려의 남진정책으로 백제에 비운의 그림자가 드리워진다. 서기
475년(개로왕 21년) 9월, 개로왕은 바둑을 잘 두던 고구려의 승려 도림
에게 속아 고구려의 남침을 자초한다. 3만 병력을 이끈 고구려의 장수
왕에게 한성의 풍납토성을 함락당한 개로왕은 몽촌토성에서 붙잡혀
강 건너 아차산(현 서울 광진구와 구리시에 걸쳐 있는 산)에서 죽임을 당했
다. 왕족·귀족을 포함해 무려 8천여 명이 고구려에 포로로 끌려가 백

공산성의 추정 백제 왕궁지 ⓒ 오재철

제는 거의 멸망 지경에 이르렀다.

개로왕의 아들 문주가 뒤늦게 신라의 구원병과 함께 당도했지만, 도성은 이미 초토화된 후였다. 피눈물을 흘리며 왕위에 오른 문주왕은 결국 그해 10월 도읍지를 옮겨야만 했다. 그가 선택한 새로운 도읍지는 한성에서 남쪽으로 130km 이상 떨어진 금강유역의 '웅진', 바로 지금의 공주였다.

웅진은 백제의 영토였던 충청·전라지역을 안정적으로 통치하면서 국경을 넓힐 수 있는 지리적 중심지이자, 외부의 군사적 위협으로부터 안전을 도모할 수 있는 천혜의 요새였다. 무엇보다도 공산성을 감싸고 부여로 이어지는 금강은 자연이 만든 최고의 해자(적의 침입을 막기 위해 성 주위를 둘러서 땅을 파고 물을 채워놓은 참호시설)이기도 했다.

게다가 웅진에서 출발하는 금강 뱃길은 서천·군산을 끝으로 서해와 만나면서 중국, 일본과의 교역에 활용할 수 있는 더할 나위 없이 좋은 해외 교통로가 되었다. 훗날 공주 수촌리 고분군 유적에서 증명되었듯이 한성백제 왕조가 웅진 일대를 지배하던 토착 세력과 긴밀한 정치적 관계를 맺고 있었다는 점도 천도에 큰 도움이 되었을 것이다.

왕권을 위협하는 귀족 세력

도읍지를 웅진으로 옮기자 왜국에 파견되어 있던 백제인들은 서둘러 귀국길에 올랐다. 곤지는 477년에, 훗날 동성왕이 된 모대는 479년에 각각 귀국했다.

곤지는 458년(개로왕 4년) '정로장군 좌현왕'에 책봉된 인물인데 좌현왕은 군사령관의 지위였다. 그가 왜국에 파견된 461년 무렵 백제는 고구려와 군사적으로 맞서고 있었기에 왜국과의 협력이 절대적으로 필요했다.

웅진은 지리적으로 방어하기 좋은 곳이어서 약화된 국력을 추스르기에는 최적의 도읍지였다. 다만 웅진백제 초기에는 살벌한 권력다툼이 끊이질 않았다. 곤지는 귀국하자마자 왕의 비서실장 격인 내신좌평이 되어 국정을 담당했지만, 얼마 안 되어 국방부 장관 격인 병관좌평 해구에게 죽임을 당했다. 그로부터 두 달 후 문주왕(재위 475~477)마저 재위 기간을 3년도 채 못 넘기고 해구에게 피살되고 만다.

웅진백제 초기 궁의 상황은 여전히 불안하기만 했다. 477년 문주왕의 열세 살 난 아들이 삼근왕(재위 477~479)으로 왕위에 오르지만, 그 역시 오래가지 못했다. 모든 실권을 독차지하고 왕위 찬탈을 노리던 해구는 478년 지금의 아산 지역에 있던 대두성에서 반란을 일으켰고 유력한 귀족 세력이던 덕솔 진로가 이를 평정했다. 하지만 삼근왕은 이듬해에 결국 피살되고 만다. 뒤를 이어 왜국에서 수백 명의 호위 군사를 대동하고 귀국한 모대가 왕위에 올랐다. 그가 바로 웅진백제의 세 번째 왕, 동성왕이다.

'한성파'와 '웅진파', '귀국파' 등 백제의 지배층은 나라의 미래를 좌우할 권력을 둘러싸고 피 튀기는 패권 싸움을 벌였다. 결국 곤지의 아들 동성왕과 무령왕이 잇달아 왕위에 올라 안정적으로 통치함으로써 곤지의 후손들은 사비시대까지 왕통을 계속 이어나가게 되었다.

백제의 새로운 기틀을 다진 동성왕

동성왕은 왜국에서 태어나 유년 시절을 보냈다. 461년 아버지 곤지가 개로왕의 명으로 왜국에 파견되어 십수 년간 머물렀기 때문이다. 그는 479년 곤지와 문주왕이 피살되는 와중에 귀국해 왕위에 올랐다. 곤지가 먼저 귀국해 내신좌평으로 일하다가 암살당했는데도 그가 왕이 될 수 있었던 연유는 정변을 일으킨 좌평 진로가 그를 왕으로 세웠기 때문이다.

동성왕의 최우선 과제는 흔들리는 왕권을 튼튼히 다지는 것이었다. 《삼국사기》에 따르면, 동성왕은 "담력이 뛰어나고 활을 쏘면 백발백중이었다."라고 전해진다. 그에게는 힘을 바탕으로 한 지도력이 있었음을 짐작할 수 있다. 물론 그가 왕위에 올랐을 때는 10대 초반의 나이였으니 초기에는 왕권을 주도하지 못했을 것이다.

동성왕은 왕의 권위에 도전하는 귀족 세력을 제압하는 한편, 금강 유역 신진세력을 권력 중심부에 등용시켜 기존 세력인 한성파와 힘의 균형을 맞췄다. 외적으로는 신라 이벌찬 비지의 딸을 후비로 맞아들여 결혼동맹을 맺었다. 이로써 신라와 공동전선을 형성하면서 고구려의

공산성 임류각 ⓒ 오재철

남하를 막아내고 금강 이남의 영토에 대한 지배력도 높여나갈 수 있었다.

《삼국사기》에는 484년(동성왕 6) 백제가 "중국의 남제에 내속을 요청해 허락받았다."라는 대목이 나온다. 한성이 함락된 이후 단절되었던 중국과의 교류 협력관계를 비로소 복원했다는 얘기다. 당시 백제에서 중국으로 갈 때는 서해 북방 해로를 이용했는데, 고구려가 이를 막

공산성에 남아 있는 토성 부분 ⓒ 오재철

아서자 동성왕은 과감하게 서해 직항로를 개척했다. 송·제·양·진 등 남조와 활발히 교통하기 위한 과감한 외교전략이었다. '숙적' 고구려의 장수왕이 남제의 태조로부터 '표기대장군'으로 책봉되던 즈음이었다.

동성왕의 재위가 23년간 이어지면서 웅진백제는 안정을 되찾았다. 궁실을 보수하고 왕성 안에 임류각을 새로 짓고 제민천에 웅진교를 놓았다. 공산성 동쪽에 세워졌다고 추정되는 임류각을 지은 시기는 동성왕 22년으로, 《삼국사기》에는 "다섯 장 높이의 큰 누각을 짓고 그 주변에 연못을 만들고 진기한 새를 길렀다."라고 전한다.

이때 백제의 왕성 명칭은 '웅진성'이었고 다른 이름으로는 '고마성'이라고도 불렀다. 해발 110m의 공산 산줄기를 따라 성을 쌓아 그 둘레가 2,660m에 달했다.

믿었던 부하, 왕을 시해하다

동성왕은 웅진백제 초기의 혼란을 극복하고 왕권을 확립해 과단성 있게 통치했다고 평가받는다. 다만 자기 뜻을 거스르는 측근들을 가차 없이 숙청하는 강한 통치로 인해 귀족들의 반발이 심했다. 이는 그가 부하에게 죽임을 당하는 비운을 맞은 것과 무관하지 않아 보인다.

재위 23년째였던 501년, 동성왕은 자신의 오랜 측근이자 경호실장 격이던 위사좌평 백가에게 임천 지역에 가림성을 쌓고 그곳을 지키게 했다. 가림성은 지금의 부여 성흥산성으로 서해로부터 금강 수로를 통

수촌리 고분군 © 오재철

해 내륙으로 들어오는 요지다. 그런데 중앙정계와 멀어지는 것을 꺼린 백가는 병을 핑계로 부임하지 않으려 하다가 왕의 노여움을 샀고, 결국 임지로 나가게 되었다.

그해 11월이었다. 왕은 사비의 서쪽 마포촌(현 서천군 한산)으로 사냥을 나갔다가 폭설을 만나 발이 묶였다. 왕에 대한 불만이 고조돼 있던 백가는 이때를 틈타 자객을 보내 왕을 시해하고 말았다.

웅진백제시대의 개막

《삼국사기》에는 "동성왕이 말년에 간언하는 신하들의 말을 듣지 않았고, 백성들의 삶이 피폐해져 고구려로 도망한 자가 2천 명에 이르렀다."라고 기록돼 있다. 《일본서기》에도 "백성을 포악하게 다루는 무도한 말다왕(동성왕)을 나라 사람들이 제거하고 무령왕을 세웠다."라고 전한다. 그의 통치 방법에 한계와 문제가 있었음을 공통으로 드러내는 대목이다.

수촌리 백제 금동관

비록 동성왕은 정변으로 파란만장한 생을 마쳤지만, 그는 23년간 통치를 유지하면서 나라를 안정시키고 왕권을 단단하게 구축해 놓았다. 후임 무령왕에게는 새로운 도약의 시대를 열게 해준 훌륭한 선왕이었던 셈이다.

웅진백제 초기 관련 유적 및 유물

- 공산성 / 유네스코 세계유산, 사적 제12호 / 공주시 금성동, 산성동 일대
- 공주 무령왕릉과 왕릉원 / 유네스코 세계유산, 사적 제13호 / 공주시 금성동 산5-1
- 수촌리 고분군 / 사적 제460호 / 공주시 의당면 수촌리 201 일대

무령왕,
백제를 다시 강국으로 만들다

너그럽고 인자하게 백성을 품은 임금

동성왕이 시해되자 무령왕(武寧王, 461~523)이 40세의 늦은 나이에 제25대 왕으로 즉위했다. 무령왕은 먼저 동성왕의 시해를 주도한 백가를 응징하고자 직접 군대를 이끌고 가림성으로 향했다. 그는 성을 열고 항복한 백가의 목을 베어 백강(금강 하구)에 던져버렸다.

정변을 진압한 무령왕의 최대 과제는 귀족 세력의 통솔과 흐트러진 사회의 통합 그리고 국력의 신장이었다. 웅진 천도 이래 3명의 왕, 문주왕·삼근왕·동성왕이 모두 권력 찬탈을 노리는 귀족들의 반란으로 살해되었기에 안심할 수 없는 상황이었다. 그는 단호하게 변란을 수습한 후 소수 귀족의 정치독점체제를 개혁했다. 최고

관등급인 좌평제를 정비하고 22부 제도를 적극적으로 운용했다. 귀족 세력을 어떻게 통솔하고 공생하느냐가 정권 안정에 필수적이었기 때문에 통치 규율을 새롭게 정비하는 지혜를 발휘한 것이다. 지방 행정 조직을 22개로 나누고 왕족 출신의 자제종족을 파견해서 효율적으로 다스리고자 했다.

무령왕은 백성들의 삶을 개선하여 민심을 다독이는 데도 힘을 기울였다. 왕권 강화를 위해 강압 통치를 펼친 동성왕 후반기에는 고구려나 신라로 넘어간 백성이 적지 않았다. 무령왕은 즉위한 지 5년이 되던 506년 봄, 기근에 굶주리는 백성들을 위해 식량창고를 열어 구제했다. 무위도식에 빠진 사람들을 고향으로 돌려보내 농사를 짓게 하고, 물난리에 대비해 제방을 높고 튼튼하게 쌓아 농업 생산력을 높였다.

8척의 큰 키에 용모 또한 수려했던 무령왕은 동성왕과 정반대로 성품이 인자하고 관대했다. 그는 덕망 있는 군주의 모습을 보여 폭넓은 지지를 받았다.

무령왕릉 지석에 따르면 그는 523년 5월 7일, 62세로 사망했다. 따라서 태어난 해는 461년(개로왕 7)임을 유추할 수 있다. 그의 출생에 관해서는 여러 설이 있는데, 《삼국사기》에 따르면, 무령왕의 생전 이름은 '사마' 또는 '융'이고 동성왕의 둘째 아들이라고 되어 있다. 하지만 동성왕이 무령왕보다 나이가 어린 것으로 확인되었기 때문에 이는 잘못된 기록으로 지적된다.

다만, 무령왕이 일본에서 태어났다는 것은 사실로 보인다. 오늘날 규슈 북서부의 작은 섬 가카라시마에는 무령왕의 탄생 설화가 전해지고 있다. 현지인들은 이곳에 있는 오비야 동굴과 태아의 몸을 씻겼다는 우물을 신성시해 섬기며 매년 6월 초에 무령왕 탄생 축제를 지내오고 있다.

외교·안보에도 능했던 무령왕

무령왕은 고구려에 대해 방어에서 공세로 전략을 전환했다. 그는 직접 군사를 이끌고 출정해 수곡성(지금의 황해도 신계)을 공략하고, 513년에는 위천(평안도 영변)에서 고구려군을 대파하는 등 한강 유역의 영유권을 어느 정도 되찾았다. 불과 30여 년 전 한성이 초토화되어 한강에서 금강까지 쫓겨 내려왔던 것에 비추어 보면 큰 발전이었다.

백제는 잃었던 영토를 차근차근 되찾음으로써 국력의 균형을 꾀할 수 있었음은 물론이고 국제관계의 주도권도 점차 되찾아왔다. 남쪽으로는 가야계열이 지배하던 섬진강 유역은 물론이고 동쪽 내륙의 하동까지 진출해 직접적으로 지배했다. 섬진강 유역 확보는

25

양직공도. 오른쪽에서 세 번째가 백제 사신이다. © 위키백과

왜국으로 직접 가는 항구를 갖는 결정적인 계기가 되었다. 이미 백제와 동맹을 맺고 있던 신라는 무령왕이 고구려와 싸워 여러 차례 승리하자 백제의 편으로 더욱 가까이 다가왔다. 당시 신라는 동해에 면한 지리적인 약점에다 외교역량이 미성숙해 백제를 통해야만 중국과 소통할 수 있었다.

영토 확장을 통해 자신감을 얻은 무령왕은 승려 발정을 양나라에 파견해 중국과의 외교관계를 재개하고, 왜국과의 관계도 적극적으로 복원했다. 이로써 무령왕은 중국 남조와 백제, 가야지역을 거쳐 왜국까지 이어지는 동아시아 문물 교역의 통로를 확고히 틀어쥐었다.

백제와 남조의 교류는 물품에서 기술로 그리고 더 나아가 학문과 사상으로 확대되었다. 이때 백제는 양나라로부터 유교, 불교, 도

교 등 다양한 사상을 받아들일 수 있었다. 백제는 513년 양나라에서 온 오경박사 단양이를 왜국에 파견하고, 3년 후에는 한고안무로 교체해 보냈다. 중국에서 받아들인 선진 문물을 왜국과 공유한 것이다. 유학자 단양이와 한고안무의 사례에서 보듯이, 양나라에서도 백제에 사람을 직접 보내기 시작했다.

즉위 21년이 되던 521년, 무령왕은 양나라에 사신을 보내 "고구려를 여러 차례 깨트리고 비로소 우호를 통했으며, 백제가 다시 강한 나라가 되었다."라고 선언했다. 양 고조는 이에 대한 화답으로 무령왕에게 '사지절 도독 백제 제군사 영동대장군'의 직함을 주었다. 《양서》〈백제전〉에 기록된 사실이다. 이를 계기로 무령왕은 대외적 신망을 높이고 왕권을 더욱 튼튼히 할 수 있었다.

무령왕의 외교 관계는 중국을 넘어 멀리 인도까지 확장되었다.

무령왕, 백제를 다시 강국으로 만들다

522년 무령왕은 승려 겸익을 불교의 발상지 인도로 보내서 범어와 율을 배워오도록 했다. 삼국시대에 중국의 남북조와 교류를 넘어 인도까지 사람을 파견한 것은 극히 드문 일이다. 겸익은 5년간 인도에서 수학하고 인도인 승려와 함께 돌아왔다.

세기의 대발견, 무령왕릉

23년간 임금의 자리에 있으면서 백제를 번성시킨 무령왕은 523년 62세로 생을 마쳤다. 그로부터 약 1,450년의 세월이 흐른 1971년 7월, 폭우 속에 공주 송산리 6호 전축분의 배수로 공사를 하던 과정에서 무령왕릉이 발견됐다. 무령왕 부부의 관이 나란히 자리한 채로 만든 당시의 모습 그대로 발굴된 무령왕릉은 고대 삼국시대 고분 중에서 주인이 밝혀진 유일한 무덤이기도 하다. 일제강점기에 가루베 지온은 1927년부터 공주고보 교사로 근무하며 송산리를 비롯해 공주 지역의 옛 무덤들을 닥치는 대로 파헤쳤다. 무령왕릉에 그의 손길이 닿지 않은 것은 천만다행한 일이 아닐 수 없다.

　백제의 무덤은 대부분 횡혈식 석실분(굴식 돌방무덤)인 데 비해 공주 송산리의 무령왕릉과 6호분은 전축분(벽돌무덤)이다. 중국 남조와의 적극적인 교류를 통해 양나라 지배계층의 무덤 양식을 들여온 것이다. 벽돌은 크기와 모양을 마음대로 조절할 수 있어 설계자가 원하는 대로 만들기 쉬운 좋은 건축 재료였다. 무령왕릉에는 무려 28가지의 크기와 모양이 다른 벽돌이 사용됐으며 약 1,500년이 다 되도록 천정의 곡선 부분까지 한 치의 뒤틀림이 없이 잘 보존돼 있었다.

백제역사유적지구는 2015년 7월 유네스코 세계유산에 8곳의 유적을 등재했다. 그중 가장 많은 유물을 품고 있는 곳이 바로 공주 무령왕릉과 왕릉원이다. 이곳은 웅진 도읍기 64년 동안 백제의 왕과 왕족들이 차례로 묻힌 곳이다.

무령왕릉 발굴을 위해 급히 구성된 발굴단은 1971년 7월 8일 오후 4시경 간단한 위령제를 지내고 발굴에 착수했다. 무덤 입구의 지석을 통해 무령왕의 무덤인 것이 확인되어 발표하자 전국의 기자들과 주민, 구경꾼 수백 명이 몰려와 현장을 통제하기가 어려웠다고 한다. 게다가 장맛비가 계속 내려 무덤의 훼손도 우려되는 상황이었다. 발굴단은 그날 밤을 꼬박 새우면서 발굴을 완료하기로 결정하고, 다음 날 오전 8시까지 불과 17시간 만에 모든 유물을 수습했다.

급히 서두르다 보니 무덤 바닥을 삽으로 긁어서 쌀가마니에 담을 정도로 발굴 과정은 허술했다. 유적과 유물 위치에 대한 실측과 사진 촬영이 미흡해 무덤과 유물의 원래 모습은 지극히 단편적인

무령왕, 백제를 다시 강국으로 만들다

공주 무령왕릉과 왕릉원 ⓒ 오재철

기록으로 남았다. 무덤의 구조와 축조 방법, 부장유물들이 어떤 형태로 존재했는가를 조사해 매장 방법과 당시의 문화에 대한 중요한 정보를 얻었어야 했다. 하지만 졸속 발굴로 많은 정보가 사라져 오늘날까지 많은 아쉬움을 남기고 있다.

최고의 문화 수준을 보여주는 유물

무령왕릉은 잊혀졌던 백제의 역사를 재발견하는 중요한 단서가 됐다. 무엇보다도 무령왕릉은 백제가 외부 세계와 다양하게 접촉했음을 확인할 수 있는 결정적인 사료다. 무덤 형태는 중국 남조의 전형적인 전축분이고 중국제 도자기와 오수전 화폐 등이 밀접한 교류의 증거품이다. 석수(진묘수) 또한 양나라의 영향을 받은 것이다. 또한, 왕과 왕비의 나무관은 일본을 대표하는 건축재인 '금송'을 공수해 만들어졌다.

무령왕릉은 무덤 자체의 역사적 가치뿐만 아니라 부장된 유물들을 통해 백제인의 세련미와 창조성, 국제성을 유감없이 보여준다. 출토 유물은 무려 108종 5,232점에 이르는데, 그중 12종 17점이 국보로 지정되었다.

유물 중 특히 왕과 왕비의 관장식, 귀걸이, 목걸이, 각종 장식품

무령왕의 지석 © 오재철

옛 국립공주박물관 (현 충남역사박물관) ⓒ 오재철

공산성 앞에 세운 무령대왕 동상

등 금으로 만든 것이 많다는 점도 주목할 부분이다. 또한 은, 동, 옥, 유리 등 다양한 재료를 사용한 공예품은 기교적으로 뛰어나고 예술적으로 완성도가 대단히 높다.

출토유물 중에서 가장 가치가 높은 것은 왕과 왕비의 지석이다. '영동대장군 백제 사마왕'이라고 무덤의 주인 이름이 명확히 기록돼 있으며, 특히 장례의 일시와 절차, 땅을 샀다는 매지권을 기록한 부분 등은 백제인의 탁월한 기록 정신을 보여준다. 지석에 따르면 523년(무령왕 23) 5월 7일, 무령왕이 62세로 별세했으며 3년 상을 지내고 525년(성왕 3) 8월 12일에 매장됐다. 무령왕의 서거 3년 후인 526년(성왕 4) 11월에는 무령왕비가 별세해 가매장했고 529년(성왕 7) 2월 12일, 왕비의 3년 상을 마친 후에 왕과 합장한 것으로 나타났다. 이 두 장의 돌판 덕분에 함께 묻힌 수천 점의 유물이 '백제 무령왕제'라는 확고한 증명서를 얻게 되었다.

 무령왕 관련 유적 및 유물

• 공산성 / 유네스코 세계유산, 사적 제12호 / 공주시 금성동, 산성동 일대

• 공주 무령왕릉과 왕릉원 / 유네스코 세계유산, 사적 제13호 / 공주시 금성동 산5-1

• 정지산 유적 / 사적 제474호 / 공주시 금성동 산1 외

• 무령왕 · 왕비 금제관식 등 / 국보 제154~165호 / 국립공주박물관 소장 (홈페이지: https://gongju.museum.go.kr/gongju/)

성왕,
남부여의 웅대한 꿈을 꾸다

살아서 '거룩한 임금'으로 불린 왕

523년, 성왕(聖王, 미상~554)은 아버지 무령왕에 이어서 백제의 제
26대 왕으로 즉위했다. 그의 성은 부여, 이름은 명농이다. 성왕은
웅진(공주)에서 태어난 것이 확실한데, 대략 500년경에 태어난 것
으로 추정된다. 40세에 왕이 되어 23년간 통치한 아버지 무령왕이
닦아놓은 백제의 기반은 탄탄했다. 성왕은 스물서너 살 즈음에 왕
위에 올라 32년간 백제를 다스렸다.

역사서들은 성왕에 대해 긍정적으로 기록하고 있다. 《삼국사기》
에는 "지혜와 식견이 뛰어나고 일에 결단력이 있었다.", "나라 사람
들이 성왕이라고 칭했다."라고 전한다. 왕위에 있을 때 '거룩할 성

(聖)' 자를 붙여 부를 정도였다면 매우 성공한 군주였다고 볼 수 있다. 전반적으로 백제를 깎아내려서 기술한 《삼국사기》마저도 인정할 정도라면 더욱더 그렇다. 《일본서기》에서는 '성왕'에 '밝을 명(明)' 자를 덧붙여 '성명왕'이라고 적으면서, "천도, 지리에 신묘하게 통달해 그 명성이 사방에 퍼졌다."라고 호평하고 있다.

성왕은 아버지 무령왕과 어머니를 바르게 모시기 위해 최선을 다했다. 523년에 천수를 다한 무령왕의 삼년상을 치르고 525년에 중국 남조 지배층의 묘제에 따라 왕릉에 안장했다. 526년 무령왕비가 별세하자 529년에 왕과 합장하고, 선왕인 무령왕이 일군 백제의 모든 문화적 성취인 장신구, 도자기, 화폐, 생활 도구 등 108종 5,200여 점에 이르는 부장품을 넣는 것으로 부모의 극락왕생을 기원했다.

성왕은 무령왕을 이어 가야와 왜는 물론 신라까지 동맹으로 엮어서 고구려에 대응하고자 했다. 한반도와 왜를 잇는 동맹체 구상은 성왕의 뛰어난 외교정책을 입증해준다. 군사 강국 고구려에 대항하기 위한 생존 차원의 과제이자 아버지 무령왕의 동아시아 문화권 전략을 이어받은 것이기도 했다.

성왕이 왕위에 오르던 해 8월, 고구려군이 남침해오자 좌장 지충에게 보병과 기병 1만 명을 주고 출전케 해 패수(현재 북한 대동강)에서 물리쳤다. 이듬해에는 양나라와 관계를 가까이 만들어 양

성왕, 남부여의 웅대한 꿈을 꾸다

나라 고조로부터 "지절도독 백제제군사 수동장군 백제왕"에 책봉되었다. 재위 12년이던 534년과 19년이던 541년에도 양나라에 사신을 파견했다. 541년에는 모시박사(시경에 능통한 사람)와 경서(각종 서적) 등을 청해 허락을 받았다. 그는 중국 남조와 연대하고 왜와 제휴를 꾀하면서 고구려에 대항하는 외교안보 노선을 다져나갔다.

백제 사찰의 원형, 대통사 창건

성왕은 불교를 융성하여 이를 통치의 기반으로 삼고자 했다. 522년(무령왕 22) 인도에 파견됐던 승려 겸익이 성왕 즉위 4년이 되던 해 귀국했다. 그는 중인도에서 5년간 고대 인도어를 배워 율부(律部)를 깊이 연구하고 오부율문을 가져왔다. 성왕은 잔치를 크게 베풀어 겸익의 공을 치하하고, 학식이 깊은 승려 18인을 불러 겸익과 함께 율부 72권을 번역하도록 했다. 성왕 또한《비담신율서》를 지은 것으로 전해진다.

웅진에 대통사(현 공주시 반죽동에 있었던 것으로 추정)를 창건한 것 또한 성왕의 업적 중 하나다.《삼국유사》는 "대통 원년 정미에 양나라 황제를 위해 웅천주에 절을 세우고 이름을 대통사라 하였다."라고 기록했다. 대통은 양나라 무제의 연호로서, 성왕 5년인 527년과

당간지주와 대통사지 © 오재철

같은 해이다.

대통사는 백제의 가장 오래된 사찰로 통일신라 이후에도 계속 존속했다. 웅진백제 시기에는 사찰이 많이 건립되었을 것으로 추정되지만, 문헌과 고고학 자료에서 공통으로 확인된 것은 대통사가 유일하다. 또한 백제 사찰 가운데 창건한 연대와 그 흔적을 구체적으로 알 수 있는 가장 이른 시기의 사찰이기도 하다.

백제의 찬란한 문화를 꽃피웠던 사비시대(538~660) 부여 지역에 지은 왕흥사·능사·정림사와 익산지역에 세운 미륵사·제석사·대관사 등의 원형이 바로 대통사라고 할 수 있다. 공주시 반죽동 일대에서는 '대통'이라고 새겨진 기왓조각들이 발굴되었다. 반죽동에 서 있는 당간지주와 국립공주박물관 야외에 전시된 두 개의 대형 석조가 바로 대통사에서 쓰던 것으로 확인된다.

성왕 재위 시기인 538년 백제는 왜국에 불교를 전파했다. 552년에는 석가불금동상 1구, 번개(불상을 덮는 비단) 약간, 경론 등을 귀족 신분의 승려였던 달솔 노리사치계에게 주어 왜국으로 파견했다. 사원을 지을 수 있도록 많은 기술자를 비롯해 의박사·역박사·음악인 등을 교대로 파견해 선진문물을 전파했다. 백제가 전해준 불교를 통해 왜국은 선진 문명의 세례를 받았고 이는 아스카문화를 형성하는 데 큰 영향을 미쳤다.

국력 신장을 위한 사비 천도

왕위에 오른 지 16년째 되던 해인 538년, 성왕은 사비(부여)로 수도를 옮기고 국호를 '남부여'라 정했다. '부여'는 고구려와 백제의 원류에 해당하는 나라다. 사비 천도를 통해 백제의 원뿌리를 찾아 고구려를 향해 대등한 위치임을 과시하고, 새로운 발전 단계로 나아가겠다는 포부를 밝힌 것이다.

그런데 왜 성왕은 사비로 천도했던 것일까? 무령왕은 갱위강국(更爲强國, 다시 강국이 되었다는 뜻)을 선포할 정도로 백제의 국력을 회복했고, 뒤를 이은 성왕은 그것을 바탕으로 중흥의 꿈을 펼치고자 했다. 그는 당시 대내외적으로 강국으로 변모한 백제의 현실에 안주하지 않고 한 발 더 도약하려 했다. 이런 의지는 사비 천도 후 신라와 연합해 고구려 공략에 나선 것으로도 확인된다.

부여는 웅진보다 더 넓은 구릉지를 가진 열린 평지였다. 무령왕 시절엔 대부분 낮은 습지대였던 이곳을 메워 가마와 공방 같은 시설을 운영하기도 했다. 또한 백마강(부여를 지나는 금강)은 수도를 방어하는 역할을 하기에 충분했다. 백마강 양안의 포구를 통해 서해로 나아가 해상 교통과 국제적 교류에도 유리했다.

사비 천도와 함께 성왕은 22담로 제도를 개혁해 전국에 5방을 두고 그 아래에 군과 성을 설치했다. 16관등 제도도 정비하고 22개

성왕, 남부여의 웅대한 꿈을 꾸다

의 관서를 설치해 국정 운영의 전문성과 효율성을 기했다. 성왕은 사비 천도를 계기로 적극적으로 국력 신장을 꾀했다.

웅진은 왕도를 내준 이후 123년간 수도 북쪽의 전략적 요충지이자 왕과 왕족들의 휴식처 역할을 했다. 660년 7월, 당시 백제의 제31대 왕이자 마지막 왕이 된 의자왕은 나당 연합군 18만 대군에게 쫓겨 웅진성으로 물러나 5일간 치열한 교전을 벌였다. 당은 웅진에 도독부를 두어 백제를 다스리는 주요 거점으로 삼았다. 통일신라 시기에도 전국 9주의 하나인 웅천주의 치소(지방정부 소재지)는 사비가 아닌 웅진에 설치됐다.

고구려 공략을 위해 제라동맹을 맺다

성왕은 백제의 전성기였던 4세기 근초고왕(346~375) 시기, 즉 백제가 가야-왜와의 관계를 주도하며 나라의 경계를 넓혀나갔던 때를 국제관계의 가장 이상적인 본보기로 삼았다. 성왕에게는 고구려 장수왕에게 빼앗긴 한강 지역 수복이라는 사명이 있었기에 신라와 힘을 합쳐야만 했다.

525년 2월 성왕은 신라와 사신을 교환해 우의를 다지는 한편, 이듬해에는 충주성과 웅진성을 수리하고 성에 방어용 울타리를 세웠다. 하지만 529년(성왕 7) 10월, 고구려의 안장왕이 남침했고 이로 인해 북변의 혈성(현재의 강화도로 추정)이 함락되었다. 성왕은 좌평 연모에게 3만 군사를 내주어 오곡원(현 황해도 서흥)에서 대항하게 했으나 2천여 명의 군사를 잃고 패하면서 고구려와의 관계에서 불리한 입지에 처했다.

548년 정월(음력 1월)에 고구려가 예(濊, 말갈)와 연합해 공격해왔다. 성왕은 신라 진흥왕에게 구원을 요청하여 신라군 3천 명과 함께 한강 북쪽의 독산성 전투에서 고구려 군사를 크게 격파했다. 이에 기세가 오른 백제는 그로부터 2년 후인 550년 정월, 장군 달기에게 군사 1만 명을 주고 고구려 도살성을 공격해 빼앗았다.

북진의 기회를 잡은 제라 양국은 이듬해 다시 힘을 합쳐 고구려의 한강 유역을 공격했고, 백제는 하류 6개 군, 신라는 상류 10개 군을 차지하는 큰 승리를 거둔다. 고구려의 침략으로 한성백제가 무너지고 웅진으로 천도한 뒤 76년 만에 다시 한강 유역을 확보한 것이다. 그런데 신라 진흥왕은 한 발 더 나가 백제군이 주둔한 도살성과 금현성을 기습 공격해 빼앗았다.

최전성기를 지나 서서히 힘이 빠지고 있던 고구려는 북녘의 강호 돌궐과의 전쟁에 여념이 없었다. 공격의 기회를 놓치지 않으려는 성왕은 신라에 고구려의 수도 평양을 협공하자고 제의했다. 그러나 진흥왕은 경기·황해도 등 신라가 새로 차지한 땅을 영토로 인

성왕, 남부여의 웅대한 꿈을 꾸다

정할 테니 평양성을 공격하지 말라는 고구려의 제안을 받아들였다.

성왕의 숙명적 맞수인 신라 진흥왕의 집권기는 성왕의 후반기 14년, 즉 사비 천도 초기와 겹친다. 진흥왕은 551년 백제와 동맹을 맺은 이후, 이를 적극적으로 활용해 고구려의 한강 유역을 빼앗고 553년에는 백제가 차지한 한강 유역마저 복속했다. 결국 백제는 고구려로부터 회복한 한강 유역의 대부분을 다시 신라에 빼앗기고 신라에 북쪽과 동쪽이 막혀 포위된 형세가 되었다.

운명을 건 관산성 전투

신라가 한강 하류 지역을 점령하면서 양국의 동맹은 마침표를 찍고 원수지간이 되었다. 진흥왕의 배신행위에 분노한 성왕은 신라를 응징하고자 결심했다. 554년 성왕은 왕자 창(훗날 위덕왕)에게 대규모 군사를 일으키게 하여 신라의 관산성(현 충북 옥천) 공격에 나선다.

그 무렵 전쟁터에서 지내는 아들을 안쓰럽게 여긴 성왕은 그를 위로하기 위해 관산성으로 향했다. 하지만 이 첩보를 미리 입수한 신라군은 주요 도로를 차단하고 기습을 감행했다. 불과 50명의 부하만 거느리고 이동하던 성왕은 신라군에게 사로잡히고 말았다.

《삼국사기》〈백제본기〉에는 "32년(554년) 7월에 왕은 신라를 습

웅진백제 5대왕 추모제 (1966)

격하고자 친히 보병과 기병 50명을 거느리고 밤에 구천에 이르렀다. 신라의 복병이 일어나자 더불어 싸웠으나 난병에게 해침을 당해 죽었다."라고 적혀 있다.

관산성 전투에서 성왕이 비극적인 죽음을 맞이하면서 역사의 흐름이 크게 달라졌다. 3만 명의 정예병이 몰살당한 백제는 공격력을 잃고 당분간 방어에 치중할 수밖에 없었다. 따라서 성왕이 주도해 오던 백제-가야-왜 연합의 세력은 약화되고, 반대로 신라의 도약이 확고해졌다.

게다가 성왕의 뒤를 이을 예정이었던 태자 창은 자신을 응원하러 오던 부왕이 처참하게 전사한 데 대한 죄의식 때문에 바로 왕위에 오를 수 없었다. 그는 모든 것을 내려놓고 출가하겠다고 했으나

성왕 관련 유적 및 유물

• 공산성 / 유네스코 세계유산, 사적 제12호 / 공주시 금성동, 산성동

• 공주 무령왕릉과 왕릉원 / 유네스코 세계유산, 사적 제13호 / 공주시 금성동 산5-1

• 정지산 유적 / 사적 제474호 / 공주시 금성동 산1

• 공주 반죽동 당간지주 / 보물 제150호 / 공주시 반죽동 302-2(대통사지)

• 중동 · 반죽동 석조 / 보물 제148, 149호 / 국립공주박물관 (홈페이지: https://gongju.museum.go.kr/gongju/)

백여 명이 대신 출가하는 것으로 속죄하고 왕위에 올랐다. 태자 창은 554년 백제 제27대 왕으로 즉위하여 44년간 재위했다. 그가 바로 위덕왕이다.

성왕의 무덤은 부여 능산리 고분군에 있는 것으로 추정된다. 내부는 전부 도굴되었지만, 무덤 양식이 가장 앞선 시대인 중하총(능산리 2호분)이 그것이다.

우리나라 최초의 효자, 향덕

고름을 빨아내고 허벅지살을 베어내다

우리나라에서 효행을 통해 최초로 국가의 표창을 받은 인물이 공주에 있다. 통일신라시대 공주에 살았던 향덕(向德)이다. 《삼국사기》와 《삼국유사》는 모두 755년(경덕왕 14)에 있었던 향덕의 효행 이야기를 싣고 있다. 우리나라의 모든 역사 문헌을 통틀어 최초로 등장하는 효자다.

통일신라의 제35대 경덕왕 시대는 신라 문화의 중흥기였다. 경덕왕 재위(742~765) 기간에 불국사를 중창하며 석가탑과 다보탑이 세워졌고 석굴암이 건립됐다. 국립경주박물관에 소장된 에밀레종의 주조도 이 시기에 시작되었으며, 경주 월성과 남산을 잇는 월정

교도 축조되었다.

경덕왕 13년인 754년 8월 전국에 가뭄이 들고 병충해로 지독한 흉년이 들어 이듬해 봄까지 전국적인 기근이 발생했다. 굶주림에 더해 전염병까지 창궐해 많은 이가 극심한 고통을 겪고 있었다. 당시 향덕은 웅천주 판적향(오늘의 공주 소학동 일대)에 사는 평범한 백성이었다. 흉년이 들어 백성들의 삶이 곤궁해졌고 그의 부모는 둘 다 병에 걸려 위중한 지경에 이르렀다. 효자였던 향덕은 오랫동안 굶어 쇠약해지고 병든 부모님 곁에서 정성껏 간호했다. 향덕의 어머니는 고치기 힘든 종기로 병세가 더욱더 심해졌다. 이에 향덕은 자신의 입으로 어머니의 몸에서 고름을 빨아내 병을 고쳤다고 한다.

끼니를 이을 양식조차 없어 그저 죽을 날만 기다리는 절망적인 상황이 이어졌다. 도저히 어떻게 할 방법이 없던 향덕은 살신성인의 행동으로 효를 실천하기에 이른다. 그는 자신의 허벅지살을 베어내 국을 끓여 부모님께 드렸고 그 덕에 부모님은 점차 기력을 회복하게 되었다.

혈흔천과 효가리의 유래

향덕의 효행은 이게 전부가 아니었다. 향덕은 부모님께 물고기를

효자 향덕 비 ⓒ 오재철

잡아 봉양할 생각으로 한겨울 집 앞의 냇물에 들어갔다. 하지만 채 아물지 않은 허벅지의 상처가 얼음에 쓸려 붉은 핏물이 냇가를 따라 흘렀다. 그런데도 그는 기어코 물고기를 잡아 부모님의 상에 올렸다. 그러자 공주 사람들은 당시 냇물이 향덕의 피로 물들었다고 하여 '혈흔천'이라고 불렀다. 혈흔천은 계룡면 기산리 늘티에서 발원해 효포를 지나 금강으로 흘러드는 물줄기다.

향덕의 눈물겨운 효행은 입소문을 타고 널리 퍼지면서 왕에게까지 보고되었다. 경덕왕은 그에게 집 한 채와 벼 3백 석 그리고 토지를 내려주고 마을에는 비석을 세워 그의 효행을 기록해 길이 전하도록 했다. 이로 인해 향덕이 살던 마을 이름도 '효가리'로 바뀌었다.

향덕의 일화를 보면 우리나라는 이미 삼국시대부터 효를 중시했음을 알 수 있다. 백제는 효행을 정치와 사람살이의 근본으로 중시했고, 고구려 태학이나 신라 국학 같은 교육기관에서는 효의 원칙과 규범을 수록한 유교 경전《효경》을 필수과목으로 가르쳤다는 기록이 있다.

현재 공주시 소학동 큰길가에는 '효자 향덕 정려 비각'이 서 있다. 그 안에 있는 비석은 두 개다. 경덕왕 때 세운 비석은 남아 있지 않고 그 후에 세워진 비석은 아랫부분만 남아 있는데, 정확한 건립 연대는 알 수 없다. 또 하나의 비석은 영조 17년인 1741년에 건립된 것으로 '신라효자 향덕지려'라고 쓰여 있다.

우리나라 최초의 효자, 향덕

조선시대에는 정치적·사회적 규범으로 충효 사상을 보급해 세종 때《삼강행실도》, 정조 때《오륜행실도》를 간행했다. 여기에도 향덕의 효행 이야기가 맨 앞에 기록되어 있다. 삼강이란 군신, 부자, 부부 간에 지켜야 할 도리, 즉 근본을 가리키는 충(忠), 효(孝), 열(烈)로서 유교 사회의 기본 덕목이었다. 그중에서도 핵심은 부모·자식 간의 효였다. 효가 확대되어 나라에 대한 충으로 나아갈 수 있다고 봤기에, 효행을 강조하고 장려하는 것은 곧 나라의 기본을 세우는 길이었다.

향덕 관련 유적 및 유물

• 소학리 효자 향덕비 / 충청남도 유형문화재 제99호 / 공주시 소학동 76-6

공주에서 벌어졌던 김헌창의 난

-

옛 백제 땅에서 큰 반란이 일어나다

백제 왕조는 678년 만에 역사의 뒤안길로 사라졌다. 수도였던 사비성
이 함락되고 웅진으로 피했던 백제의 마지막 왕 의자왕마저 항복함으
로써 왕조는 막을 내렸다.

백제는 당나라 13만, 신라 6만의 연합군에게 패망한 뒤 웅진에는
당나라의 웅진도독부가 설치되었다. 의자왕과 왕자들, 대신들, 그리고
백성 등 1만 2,807명이 당나라로 끌려갔고 수많은 백제인이 왜국으로
망명했다. 왕자 부여풍을 왕으로 세우고 3년간 치열하게 벌였던 백제
부흥전쟁마저도 663년에 완전히 평정되었다.

2년 후인 665년 8월, 당은 의자왕의 아들 부여융을 웅진도독 대방
군왕에 임명하고, 이듬해에 취리산(지금의 공주생명과학고 뒷산)에서 제

국 간에 맺어지는 회합 의식인 회맹을 치렀다. 당나라 장수 유인원의 입회하에 부여융과 문무왕이 백마의 피로 입을 적시고 하늘과 땅에 화친을 맹세했다. "부여융으로 하여금 백제 왕들의 제사를 지내고 옛 강토를 보전하게 한다. 나제 양국은 서로 환난을 구하고 형제처럼 돕고 지낸다."라는 내용이었다. 한반도 지배를 꾀하던 당나라가 백제 부흥전쟁을 무마하고 신라를 견제할 목적으로 준비한 의례였다.

하지만 670년을 전후해 신라는 당군을 축출하게 되고, 웅진 일대는 686년(신문왕 6) '웅천주'라는 새 이름을 얻었다. 웅천주의 주도로서 웅진(웅주)은 충청 지역 13개 군, 29개 현을 통할하는 행정중심지 역할을 맡았다.

백제가 멸망한 지 160여 년이 지난 신라 제41대 헌덕왕 14년(822년) 봄이었다. 웅진에 새로운 나라의 탄생을 선포하는 놀라운 일이 발생한다. 웅천주 도독(주를 책임진 지방 장관) 김헌창이 '장안'을 세운 것이다. 삼국을 통일한 신라에서 많은 반란이 일어났으나 당시까지 신라 자체를 부정한 경우는 없었다. 옛 백제의 수도이자 경주로부터 가장 먼 변방이었던 웅진에서 새로운 왕조를 주창한 것이다. 《삼국사기》는 당시 상황을 이렇게 기록하고 있다.

"웅천주의 도독 김헌창이 그의 아버지 김주원이 왕이 될 수 없었음을 이유로 반란을 일으켰다. 국호를 장안, 연호를 경운이라고 했다. 무진주·완산주·청주·사벌주의 4주 도독과 국원경·서원경·금관경의 사신, 그리고 여러 군현의 수령을 위협해 자기 소속으로 만들었다."

진골 귀족들의 치열한 왕위 쟁탈전

신라시대 골품제도의 한 등급으로 성골과 함께 왕족에 속했던 진골 귀족들은 고위 관직을 독점했다. '화백'이라는 이름으로 진골 가운데 최고 실력자들이 합의제 정치체제를 운영했다. 따라서 왕의 직계 자손이 없거나 후계자의 나이가 어리면 어김없이 왕위 쟁탈전이 벌어졌다.

제37대 선덕왕이 왕위에 오른 지 6년 만에 대를 이을 왕자도 없이 세상을 떠났다. 이때 재상 서열에서 가장 높은 상재가 김주원이었고 그다음이 김경신이었다. 선덕왕의 조카뻘인 김주원은 왕위 계승 1순위였다.

당시 김주원이 왕위에 즉위하고자 궁으로 향하던 날, 운명의 장난 같은 일이 벌어졌다. 하필이면 물난리가 나서 궁으로 가는 길에 있던 하천이 범람한 것이다. 결국 김주원이 불과 20리 떨어진 자택에서 궁궐로 바로 오지 못하는 일이 발생했다. 그 사이를 틈타 김경신이 화백회의를 움직여 왕위에 앉으면서 원성왕(재위 785~799)이 된다. 이때 김경신 측은 "임금 자리는 하늘이 내리는 것인데, 마침 폭우가 내린 것은 김주원이 왕이 되는 것을 하늘이 원치 않는다는 증거"라는 논리를 설파했다.

왕위 경쟁에서 어이없이 패배한 김주원은 강원도 명주(지금의 강릉)

공주에서 벌어졌던 김헌창의 난

로 옮겨갔다. 원성왕은 그를 '명주군왕'으로 봉하고 강릉·울진·삼척 지역에 대한 지배권을 인정해, 이후 김주원은 강릉 김씨의 시조가 되었다.

798년 원성왕이 죽자 장손인 준옹이 왕위를 이어 소성왕(재위 798~800)이 되었으나 만 2년을 채 넘기지 못하고 생을 마감했다. 이에 아들 애장왕(재위 800~809)이 13세의 어린 나이로 왕위에 오르고 그의 숙부인 김언승이 섭정을 하기에 이른다. 하지만 섭정만으로는 만족을 하지 못한 김언승은 끝내 조카를 죽이고 왕위에 올랐다. 그가 바로 헌덕왕이다.

백제의 옛 땅을 석권한 김헌창

눈앞에서 왕위를 경쟁자에게 내준 김주원의 아들 김헌창은 중앙과 지방의 관직을 거치며 실력을 쌓고 있었다. 이 시기는 왕권이 안정되지 못하고 중앙정계가 시끄러운 틈에 백성들의 삶도 위협받던 때였다. 헌덕왕 6년(814)부터 13년(821)까지 매년 기근이 반복되었고 이로 인해 옛 백제 지역에서는 815년에 농민 봉기가 일어나기도 했다.

신라의 골품제 또한 커다란 모순으로 작용하고 있었다. 6두품 이하는 능력이 뛰어나도 승진할 수 없었고, 지방인들은 중앙에서 파견된 관리들의 보조 역할에 그칠 뿐 중앙직에 진출하는 길이 봉쇄되었다.

김헌창은 무진주(지금의 광주·전남 지역) 도독을 거쳐 집사부 시중을

공산성 북쪽 정문인 공북루와 금강 © 오재철

역임한 후, 816년(헌덕왕 8)에 청주(지금의 진주) 도독, 821년(헌덕왕 13)에 웅천주 도독에 임명되었다. 그는 여러 지방의 책임을 맡아 순회 근무를 하면서 중앙의 통제가 제대로 작동하지 않는 지방의 실상을 잘

공주에서 벌어졌던 김헌창의 난

웅진성 수문병 교대식 ⓒ 오재철

알고 있었다.

822년 1월이었다. 조카인 애장왕을 죽이고 왕이 된 헌덕왕이 동생 김수종을 '부군'으로 삼아 후계 구도를 확정하자 마침내 김헌창이 들고 일어섰다. 그가 봉기한 웅주는 5대 64년간 백제의 왕도였고, 신라에 복속된 후에도 웅진도독부와 웅천주의 치소를 놓았던 요충지였다. 당시 김헌창과 뜻을 같이한 지방 세력은 꽤 광범위했다. 그가 한때 다스렸던 무진주는 물론이고 완산주(전주), 사벌주(상주)의 도독들이 동조했고, 국원경(충주), 서원경(청주), 금관경(김해)의 장관을 비롯한 많은 군현의 수령들도 합세했다. 지방의 절반이 중앙에 반기를 들 정도로 호응이 컸다.

김헌창의 난에 함께한 지역은 전체 9주 5소경 가운데 4주 3소경으로 옛 백제지역의 영역과 거의 일치한다. 하지만 김헌창이나 4주의 도독들, 3개 소경의 사신이나 수령들은 모두 중앙 출신의 지방관이었다.

헌덕왕의 중앙세력은 왕경의 8방을 굳게 지키는 한편 진압군을 편성해 출정했다. 김헌창 군은 도동현(현 경북 영천)에서 중앙군에 첫 패배를 당하고, 충북 보은의 삼년산성과 속리산에서도 크게 패했다. 이어 성산(경북 성주)에서도 맥을 못 추고 궤멸당하고 만다.

김헌창은 잇따른 전투에서 승승장구한 진압군을 웅주 부근에서 맞이하게 됐다. 이 싸움에서 크게 패하자 그는 공산성 안으로 후퇴하여 열흘가량을 버티다 진압군에게 함락되기 직전에 스스로 목숨을 끊었다. 이로써 김헌창의 반란은 1개월 만에 진압되고 만다.

《삼국사기》에는 "종족과 함께 일을 도모했던 무리를 무릇 239인을 잡아 죽이고 그 백성을 풀어주었다."라고 기록돼 있다. 결과적으로 김헌창의 난은 '아버지가 왕이 되지 못한 데 불만을 품고 일으킨 반란'으로 기록되었다.

그 무렵 구사일생으로 살아남았던 김헌창의 아들 김범문은 3년 후인 825년 경기도 여주 고달산에서 군사를 일으켜 한산주를 공격하지만 실패하고 죽임을 당했다. 그로부터 20여 년이 지난 846년에는 청해진의 '해상왕' 장보고가 살해되는 등 신라의 후기는 점차 혼란스러운 양상을 드러낸다.

김헌창의 난 관련 유적 및 유물

• 공산성 / 유네스코 세계유산, 사적 제12호 / 공주시 금성동, 산성동

2

고려시대

● 고려 다섯 임금의
   스승이 된 정진

고려 현종의 ●
공주 파천

● 망이 · 망소이,
   공주 명학소의 난

신돈을 탄핵한 ●
간관의 표상,
이존오

고려 다섯 임금의
스승이 된 정진

_____

24년간 당나라 유학한 공주 출신 고승

신라 말 고려 초에 높은 이름을 남긴 공주 출신 승려가 있었으니 그
가 바로 정진(靜眞)대사 긍양(878~956)이다. 경북 문경 봉암사에 있
는 정진대사 원오탑비에는 그의 일대기가 상세히 기록되어 있다.

정진대사의 성은 왕씨, 이름은 긍양이다. 그는 통일신라 말기인
헌강왕 4년(878년) 웅주(공주)에서 출생했다. 공주 남혈원(금학동 남
혈사지)의 여해선사를 찾아가 머리를 깎고, 스무 살에 계룡산 보원
사에서 계(입문의 예)를 받았다. 이어서 그는 서혈원(웅진동 서혈사지)
에 머무르고 있던 양부선사에게 법을 받게 된다. 양부선사는 문경
봉암사를 세운 지증대사 도헌의 수제자이다. 이 인연으로 훗날 긍

남혈사지 동굴 불상 ⓒ 오재철

양은 봉암사를 재건하게 된다.

긍양은 23세가 되던 해인 900년에 당나라로 유학을 떠났다. 당시 학식이 높은 승려들은 문화 선진국이었던 당나라에 가서 불법을 공부하고 돌아왔다.

긍양은 석상경제(중국 후난성 석상사의 고승인 경제선사)의 수제자인 도연의 문하에 들어갔다. 그는 "도연의 제자 가운데 긍양을 능가하는 이는 없다."라는 말을 들을 정도로 열심히 도를 닦았다. 이후 중국 오대산과 운개산 등 여러 곳의 고찰을 찾아 고승들과 법담을 나누고 수도를 계속했다.

그는 유학을 떠난 지 24년이 지난 924년에 귀국했다. 이미 학승이자 선승으로 이름이 높았던 그는 스승 양부선사가 있던 진주 백엄사에서 불법을 펼치기 시작했다. 이때는 후삼국 말기로 고려의 왕건과 후백제의 견훤 간의 전쟁이 치열했던 시기였다. 927년 견훤은 신라의 수도 경주로 쳐들어가 경애왕을 죽이고 신라의 마지막 왕이 되는 경순왕을 즉위시킨다.

문경 봉암사를 재건하다

긍양이 머무르던 백엄사에는 세속을 떠나 그에게 배움을 청하는 사람들이 수없이 찾아왔다. 그의 명성이 전국에 알려지면서 신라 경애왕도 귀의의 뜻을 전하며 '봉종대사'라는 별호를 내렸다.

고려시대 초기인 935년(태조 18) 긍양은 문경 희양산에 있는 봉암사로 옮겼다. 이 절은 신라 말기인 879년에 지증대사가 창건했지만, 전란으로 소실되어 폐허나 다름없었다. 경내에는 잡풀만이 무성했고 지증대사의 부도와 적조탑비만 절터를 지키고 있었다.

《봉암사지》에 의하면, 이때 긍양이 다시 지은 절의 법당이 10채, 승당이 16채, 행랑·누각이 14채, 부속 건물이 10여 채, 산 내 암자가 9채에 달했다고 전한다. 무너진 절을 일으켜 세우고 설법을 할 때는 무려 3천여 명의 대중이 운집할 정도로 긍양의 법력은 힘을 떨쳤다고 한다.

구산선문의 하나인 희양산문도 긍양에 의해 성립되었다. 봉암사는 이후 여주 고달원, 양주 도봉원과 함께 광종의 직접적인 후원을 받은 고려 삼원의 하나가 되었다.

고려의 다섯 임금과 불법을 논하다

긍양은 고려 태조는 물론 혜종·정종·광종 등 역대 왕들로부터 스승의 예우를 받았다.

공주의 인물을 만나다

서혈사지 석조여래좌상 ⓒ 오재철

그는 936년 태조 왕건이 후삼국을 통일하자 직접 왕을 찾아가 불교 정책을 자문했다. 943년에 2대 혜종이 즉위하자 축하하는 편지를 보냈으며, 945년 3대 정종 즉위 후에는 초대를 받아 설법했다. 4대 광종 2년인 951년에는 왕의 초빙으로 개경의 사나선원에 머물게 되었는데, 당시 왕으로부터 '증공대사'라는 존호와 함께 스승으로 예우를 받았다. 그가 다시 절로 돌아올 때는 왕이 그에게 귀한 불교 서적을 증정하는 등의 예우를 갖췄다고 한다.

고려의 다섯 임금에게 불법의 영향을 크게 미친 긍양은 956년 8월, 봉암사에서 입적했다. 그때 그의 나이는 79세로 법랍 60세였다. 그를 '희양산의 화신보살'로 추앙하던 광종은 '정진'이라는 시호를 내리고 그의 초상화를 그리게 했다.

고려시대에 승탑은 국사나 왕사에 오른 이만 세울 수 있었다. 노비안검법과 과거 제도 등 개혁정치를 시행한 광종은 긍양의 승탑

정진대사 관련 유적 및 유물

• 남혈사지 / 충청남도 기념물 제35호 / 공주시 금학동 93

• 서혈사지 / 충청남도 기념물 제37호 / 공주시 웅진동 207-3

• 서혈사지 석조여래좌상 / 보물 제979호 / 국립공주박물관 소장 (홈페이지: https://gongju.museum.go.kr/gongju/)

에 '원오'라는 특별한 이름을 주었다. 문경 봉암사에 있는 보물 제
172호 '정진대사 원오탑비'는 긍양이 입적하고 9년 후인 광종 16년
(965)에 건립된 것이다.

고려 다섯 임금의 스승이 된 정진

고려 현종의 공주 파천

-

거란의 40만 대군에 쫓기다

고려의 8대 왕 현종이 즉위한 직후인 1010년 11월에 거란이 고려에 쳐들어왔다. 993년에 이어 두 번째였다. 거란의 40만 대군이 곽주(현 평북 정주)와 안주를 함락시키고 서경(현 평양)을 거쳐 파죽지세로 밀고 내려오자 현종은 황급히 도읍지였던 개경(현 개성시)을 떠나 남으로 향했다. 피난길에 나선 일행은 연천·양주를 거쳐 경기도 광주에서 3일을 머무른 후 안성·천안을 지나 공주로 들어왔다. 이때 호위 군사는 고작 오십여 명뿐이었고, 다들 밥도 제대로 못 먹고 씻지도 못해 차마 왕의 행렬이라고는 볼 수 없는 초라한 행색이었다.

현종 일행은 금강에 당도해 연미산 아래쪽의 나루에서 배를 타고 용당리 고마나루로 건너왔다. 당시 공주절도사로 있던 김은부가 왕을 정성껏 영접했다. 추위가 살을 에는 한겨울, 왕은 고단한 피난길에 공주에 닿아 비로소 안도할 수 있었다.

《동국여지승람》에 따르면, 왕이 도착하자 김은부가 예를 갖추고 교외로 나와 맞으며 "임금님께서 산을 넘고 물을 건너시며 서리와 눈을 무릅쓰고 이런 지경에 이를 줄을 어찌 생각이나 했겠습니까?" 하면서 옷가지와 토산물을 바쳤다고 한다. 하지만 갈 길이 급했던 왕은 공주를 지나 서둘러 파산역에 도착했으나 날은 저물고 아전들마저 다 도망가고 없어서 끼니조차 거르게 되는 상황이 되었다. 김은부는 이때 또다시 왕 일행에게 음식을 올려 대접했다. 결국 왕은 전라도 나주까지 내려가서 머무르게 되었다.

고려군은 거란군과 싸움에서 연전연패했다. 현종(재위 1010~1031)이 왕위에 오른 것은 서북면 도순검사 강조가 목종을 시해하고 옹립한 덕분이었다. 거란이 쳐들어온 명분도 강조의 쿠데타를 문책한다는 것이었다. 강조가 이끄는 고려군은 거란의 40만 대군에 속절없이 무너지며 뿔뿔이 흩어지기 직전의 상황에 이르렀으나 거란은 현종이 자신들의 황제를 알현하러 입조하는 것을 약속받고서 물러갔다. 거란은 고려가 송과 손잡지 못하게 하는 데 주목적이 있었기에 어느 정도 그 목적을 달성하자 군사를 돌렸다. 당시 후방에서는 송과 여진이 위협하고 있어서 거란도 여유가 없었다.

금강 고마나루와 연미산 ⓒ 오재철

딸 셋을 왕비로 만든 김은부

거란군이 전투를 멈추고 되돌아가자 나주까지 피난했던 현종은 개경으로 돌아가는 길에 다시 공주에서 6일 동안 머물렀다. 이때 절도사 김은부는 맏딸을 시켜 왕의 옷을 만들어 바치니 왕이 총애하게 되었고 이로 인해 훗날 그의 딸은 왕비가 되었다. 바로 원성왕후다.

현종의 장인이 된 김은부에게는 그 후 더 놀라운 일이 벌어졌다. 그의 큰딸뿐만 아니라 나머지 두 딸도 현종이 왕비로 맞이하게 되었다는 사실이다. 현종과 왕비가 된 자매들의 사이에서는 연이어 세 명의 왕이 탄생했다. 즉, 큰딸 원성왕후의 두 아들이 제9대 덕종(재위 1031~1034), 제10대 정종(재위 1034~1046)이 되었고, 둘째 딸인 원혜왕후의 아들은 제11대 문종(재위 1046~1083)이 되었다. 거란군의 공격에 의한 현종의 공주 파천과 김은부와의 만남은 결국 고려의 왕통을 바꿔놓은 특별한 인연이었던 셈이다.

고려 태조 왕건은 왕실의 혈통을 보존하고자 어머니를 달리하는 자신의 자손들에게 근친혼(족내혼)을 시켰다. 즉, 고려 왕실은 왕족 안에서 혼인을 해오고 있었는데, 현종에 이르러서 처음으로 왕실이 아닌 귀족 가문으로 혼맥이 확대된 것이다.

현종은 피란 때 적지 않은 수모를 겪었다. 삼례역에서는 전주 절도사 조용겸이 전주에서 유숙할 것을 요구하다가 왕이 이 말을 물리치고 장곡역에 유숙하자 왕의 행궁을 습격하는 일도 있었다. 하지만 공

고마나루 수신제 제단 ⓒ 오재철

주에서는 환대를 받았다.

曾聞南地在公州　일찍이 남쪽에 공주가 있다고 들었는데
仙境玲瓏永未休　신선이 사는 듯 영롱함이 길이 그치지 않도다.
到此心情歡樂處　이처럼 마음 즐거운 곳에서
群臣共會放千愁　신하들과 함께 모여 온갖 시름 놓아본다.

현종은 공주에 묵으면서 자신의 편안한 심경을 이렇게 시로 읊었다.
김은부는 본래 공주 사람이 아니었다. 경기도 수원 사람이었던 그는 공주 절도사로 임명되어 공주에서 근무하게 되었다. 현종은 김은부가 도와준 은공을 딸 셋을 부인으로 맞이한 것으로 갚았고, 김은부는 현종이 개경으로 귀환한 직후 상경해 후일 중추사(종2품)에까지 올랐다.

현종은 전주에서도 7일을 머물러 박온기의 딸을 왕비로 맞아들였고, 청주에서도 왕가도의 딸을 왕비로 삼았다. 현종은 모두 13명의 후비를 맞이했는데 태조 왕건 다음으로 후궁이 많았던 왕으로 전해진다.

일찍이 왕건은 각 지역 호족의 딸들을 왕비로 들이거나 자신의 자녀들과 정략결혼을 시켜 호족 세력과 혼맥을 잇는 방식으로 자신의 영역과 세력을 넓혔다. 이 때문에 태조의 부인은 모두 29명에 이르게 되었다. 현종 또한 외척으로 자신의 지지 세력을 넓히고자 한 것이었다.

고려를 크게 중흥시킨 현종

공주는 태조 23년인 940년 군현제 개편 때 광주(廣州)·충주·원주·청주·상주·양주·전주·광주(光州)·춘주·명주 등과 함께 11개의 대읍으로 인정되면서 처음으로 웅주는 '공주'로 개칭되었다. 이때 충남의 48개 군현 중 32곳의 이름이 바뀌었다. '공주'라는 명칭은 일찍이 공산(公山)이라고 불렸던 지형 때문이다. 산의 모양이 '公'자와 흡사했다.

성종 2년이던 983년 전국에 12목제가 시행되었을 당시 양주·광주·충주·청주·진주·상주·전주·나주·승주·해주·황주 등과 함께 공주에도 상주하는 외관, 즉 목사가 파견되었다. 공주의 지역적 위상이 그만큼 중요했음을 말해 주는 단서이기도 하다.

현종 대에는 정치·사회체제 정비가 일단락되고 고려 초기의 지방 세력은 귀족으로 전환되어 문벌귀족사회가 시작되었다. 대외적으로 도 송·거란·고려를 주축으로 하는 동아시아 국제질서가 안정기에 들 어가 금(여진)이 건국될 때까지 평화를 유지할 수 있었다.

현종은 현재 유네스코 인류무형유산으로 등재된 '연등회'와 삼국시 대에 시작되어 고려시대 국가행사로 치러진 '팔관회'를 부활시켰다. 또 고명한 승려를 왕사·국사에 위촉하기도 했다. 현종 대에 이룩한 대 내외적 안정과 평화는 고려의 전성기로 일컬어지는 덕종-정종-문종 대의 초석이 되었다. 《현종실록》을 쓴 최충이 현종을 일컬어 '고려를 중흥시킨 군주'로 높이 평가한 이유다.

현종의 공주 파천 관련 유적 및 유물

• 고마나루 / 명승 제21호 / 공주시 웅진동 440

• 고려 현종 일천년 공주 기념비 / 공주시 금성동 공주한옥마을 내

망이·망소이, 공주 명학소의 난

-

무신정권 불만 업고 터진 명학소의 난

고려 19대 명종 6년인 1176년 명학소의 난이 일어났다. 이는 망이, 망소이에 의해 공주목 관내의 명학소를 중심으로 벌어진 민중운동으로 일명 '망이·망소이의 난'이라고도 부른다.

명학소는 주로 숯을 생산하는 수공업자들의 구역으로 유성현 동쪽 10리, 즉 지금의 대전 둔산 지역으로 추정된다. 고려는 건국 초부터 향·소·부곡이라는 별도 행정구역을 운영해왔고 특히 '소'는 공업이나 광업에 속하는 특별한 생산품을 공급하는 지역이었다. 하지만 이들 특수지역은 이곳에서 부역하던 주민들이 양인 신분임에도 불구하고 사회·경제적으로 일반 군현에 비해 차별대우를 받았다.

때는 명학소의 난이 발생하기 전인 1170년(의종 24)이었다. 대장군 정중부를 비롯한 무신들은 잦은 전쟁으로 무력을 갖추고 있었으나 제대로 대접받지 못해 불만이 팽배해 있었다. 그해 8월, 의종이 '보현원'(현 경기도 연천군 소재)이라는 유원지에 문신들과 어울려 나들이 갔을 때였다. 호위병으로 갔던 무관들은 노골적으로 자신들을 업신여기는 문신과 환관 수십 명을 그 자리에서 참살하고 정권을 장악했다. 의종을 거제도로 유배시키고 그 동생을 왕으로 앉히니 그가 바로 명종(재위 1170~1197)이다. 그때부터 100년간 고려의 무신정권 시대가 이어진다. 무력을 가진 군사 실력자가 왕을 허수아비로 앉혀놓고 조정을 좌지우지했던 시기다.

정권을 장악한 무신 세력도 부패한 문신 지배층과 별 다를 바 없었다. 정치·사회적 개혁을 하기는커녕 새로운 특권 세력이 되어 토지와 재물, 노비를 독점했다. 무신정권 3년째인 1173년 8월, 문신인 동북 병마사 김보당이 폐위된 의종을 복위하겠다며 개경을 공격했다. 1174년에는 서경(현 평양) 유수를 맡고 있던 조위총이 무신정권 타도를 내걸고 궐기했다. 무신정권에 실망하고 분노한 농민들도 합세했다. 이들은 북부 40여 개의 성을 장악하고 개경으로 진격을 시도하며 서경을 근거로 3년에 걸쳐 끈질기게 싸웠다.

명학소의 해방과 수탈 중지 요구

중앙정계의 대혼란은 일반 백성들의 삶을 피폐하게 하고 생존 투쟁

공산성의 암문

에 나서게 했다. 명학소의 난이 일어난 것도 조위총의 난이 한창이던 1176년 1월이었다. 망이는 친구 망소이와 함께 명학소 일대의 농민과 수공업자들을 모아 봉기했다. 망이, 망소이의 '망'자는 정식 성씨라기보다는 후일 역적을 비하하는 이름으로 기록한 것으로 보인다.

명학소의 난이 발생한 계절은 바로 겨울 농한기였기에 수천 명의 농민이 결집했다. 먼저 자신들을 직접적으로 수탈하고 노동력을 착취하는 공주 관청부터 목표로 삼았다. 명학소에서 60여 리를 달려 공주성을 단숨에 점령했다. 그러자 더 많은 불만 세력이 난에 가담해 형세가 커졌다. 그들은 망이를 지도자로 옹립하고 '산행 병마사'라고 불렀다. 정중부 정권은 남쪽의 새로운 민란을 진압할 여력이 없었으므로 왕의 이름으로 이들을 회유하려고 했다. 망이는 명학소의 해방과 수탈 중지를 요구했다. 공주가 함락된 지 20일이 지난 후 정부는 강경책으로 돌변해 3천 명의 군사로 공격했으나 농민군의 거센 기세를 제압하지 못하고 물러났다.

개경 무신정권은 승려군 수천 명을 동원해서 재차 공격했다. 하지만 당시 승려는 지배층 이상으로 농민을 수탈하는 것으로 받아들여져 반란군의 적개심만 더욱 키울 뿐이었다. 오히려 반군은 충주나 예산 등지로 번져나갔다. 이들의 기세가 쉽사리 진압되지 않자 정부는 명학소를 '충순현'으로 승격시켜 소민의 신분에서 해방해 주고 고관을 파견해 민생을 안정시키겠다는 약속을 하기에 이른다.

하지만 농민들의 반란은 여기서 끝나지 않았다. 망이 농민군의 활약에 영향을 받아 각지에서 농민 봉기가 일어났다. 그해 가을 경상도 각지에서도 잇달아 발생했다. 개경 정부는 우선 망이 농민군을 설득해 명종 7년이던 1177년 1월 망이는 개경에 가서 중앙정부와 교섭을 벌였다. 이때 왕은 망이 일행을 정중하게 대접하고 고향까지 고이 보내 주었다. 그 후 농민군은 해산했다. 자신들의 요구 조건이 어느 정도 받

망이·망소이, 공주 명학소의 난

아들여진 데다 때마침 농번기가 다가왔기 때문이었다. 하지만 정부의 유화책에 속아 넘어간 것이나 다름없는 일이었다.

농민 봉기가 만연했던 시절

1176년 6월, 3년에 걸친 조위총의 난을 겨우 진압한 정부군은 그해 말부터 민란의 토벌에 나섰다. 정부는 망이가 농민군을 해산하고 고향마을로 돌아간 직후 군사를 보내 망이의 어머니와 아내를 체포한다. 그러자 망이는 이듬해 2월 재봉기하고 왕에게 항의문을 보냈다.

"우리 고향을 현으로 승격시키고 지방관을 두어 민생의 안정을 꾀하겠다고 약속해놓고 다시 토벌군을 보내 가족을 잡아 가두는 건 무슨 짓인가? 이제는 설령 싸우다가 죽는 한이 있어도 결코 항복하지 않겠다. 기필코 개경을 함락한 후 무기를 거둘 것이다".

망이 농민군은 예산 가야사와 천안의 직산과 홍경원 등의 사찰 그리고 아산성과 청주목을 공격했다. 무려 55개의 군현이 농민군의 영향 아래 들어가게 되었다. 하지만 마침 농번기를 맞아 보리를 거두고 모내기를 해야 하는 농민군들의 이탈이 일어났다. 1177년 7월, 정부군은 대규모 군사를 동원해 농민군 근거지를 습격하고 망이, 망소이를 비롯한 지도자 대부분을 체포했다.

무신정권 초기에 일어난 명학소의 난은 생존권 투쟁과 차별 철폐 운동이 복합된 것이었다. 이 난이 진압되고 얼마 지나지 않은 1179년

또 다른 무신 경대승이 권력을 차지하자 지방에서는 민란이 끊이지
않는 등 어지러운 정국이 계속되었다. 하지만 수탈당하던 농민들이 지
속적으로 싸운 결과, 고려 말기에 이르면 대부분 지역이 부당한 차별
에서 벗어나게 된다.

공주 명학소의 난 관련 유적 및 유물

• 공산성 / 유네스코 세계유산, 사적 제12호 / 공주시 금성동, 산성동

신돈을 탄핵한 간관의 표상, 이존오

공주목 석탄에서 태어난 문신

석탄 이존오(李存吾, 1341~1371)는 고려 후기의 문신으로 본관은 경주다. 그는 고려 제28대 충혜왕 2년이던 1341년 공주목 석탄(현 공주와 부여의 경계)에서 태어났다. 아버지를 일찍 여의었으나 성리학을 공부해서 1360년(공민왕 9) 과거에 급제했다. 수원 서기에 이어 사관으로 발탁된 그는 정몽주·박상충·이숭인·정도전·김구용·김제안 등 당대의 내로라하는 선비들과 절친하게 지내면서 학문을 교류했다. 공민왕 15년(1366년)에는 임금의 과실을 간언하거나 잘못된 결정을 바로잡는 역할을 담당한 우정언의 책임을 맡았다.

공민왕(재위 1351~1374)이 고려를 통치하던 시기는 주원장이 명나라를 건국(1368년)하고 원나라가 몽골 초원으로 쫓겨 가던 원-명 교체기와 맞물린다. 공민왕은 재위 기간 중 원의 쌍성총관부(지금의 함경남도 영흥)를 공격해서 철령 이북을 회복하는 등 적극적인 배원 정책을 추진했다. 왕위에 오른 후 원의 속국 신세를 벗어나고자 했던 공민왕은 개혁적 승려 신돈을 기용해 기득권층을 제압하고 신진사대부를 중용하는 정책을 펼쳤다. 공민왕은 그를 중용하면서 "도를 얻어 욕심이 없고, 미천해 친당이 없으니 큰일을 맡길 만하다."라고 했다고 한다.

신돈은 공민왕의 신임을 받고 1365년(공민왕 14)부터 왕의 스승이 되어 실권을 맡았다. 권문세족의 의결기구인 도평의사사의 권한을 축소해 왕의 권한을 강화하고, 억울하게 노비가 된 자들을 해방했다. 전민변정도감을 설치해 권문세족들이 불법으로 빼앗은 땅을 원주인에게 돌려주었고, 1367년에는 유학을 전수하며 사대부를 양성하는 성균관을 다시 열었다.

개혁적인 면면을 통해 백성들로부터 환영을 받기도 했던 신돈은 승려의 신분으로 아내를 얻고 자식을 낳으면서 자신의 도덕성과 신뢰를 스스로 무너뜨렸다. 개혁에 반발하던 권문세족의 조직적 저항을 이기기 위해 서경 천도를 꾀했으나 실패했다. 사심관 제도를 부활시켜 자신의 세력을 구축하려 했지만, 이 또한 무산되기도 했다.

신돈을 탄핵한 간관의 표상, 이존오

신돈의 권력 남용에 상소문을 올리다

신돈이 개혁의 본령을 벗어나 권력을 남용하자 이존오는 자신의 희생을 각오하고 신돈의 잘못을 비판하기로 결심한다. 상소문 초안을 써서 동료들에게 보여주었지만, 이에 호응하는 사람이 없자 인척인 좌사의대부 정추를 설득해 함께 상소했다.

당시 이존오가 올린 상소의 내용은 이러했다.

"무릇 예법이란 위아래를 구분함으로써 백성의 뜻을 안정시키는 것이니, 만약 예법이 존재하지 않는다면 무엇으로 군신 관계와 부자 관계와 나라와 집의 관계를 만들 수 있겠습니까? 신돈은 주상의 은총을 등에 업고 국정을 전횡하면서 아예 임금의 존재를 안중에 두고 있지 않습니다. 그는 대궐 뜰에 와서는 무릎을 아예 굽히지도 않고, 늘 말을 탄 채 홍문을 출입하며, 전하와 함께 의자에 기대어 앉곤 합니다. 전하께서 적임이 아닌 자를 재상으로 삼으셔서 천하의 비웃음을 받고 아득한 후대에까지 비난받을까 우려한 나머지 간언을 올림으로써 간관의 책임을 다하려 합니다."

왕은 상소문을 보고 크게 노하여 정추와 이존오를 불러 꾸짖었다. 그 자리에는 신돈이 임금과 걸상을 마주하고 앉아 있었다. 이 모습을 본 이존오는 신돈을 노려보며 "늙은 중이 어찌 이처럼 무례할 수 있는가?"라고 꾸짖었다. 그러자 신돈은 놀라고 당황한 나머

공주의 인물을 만나다

지 저도 모르게 걸상에서 내려왔다. 이존오의 나이는 불과 스물다섯이었다.

더 화가 난 공민왕은 상소문을 불태우게 한 후, 이존오와 정추를 감옥에 가두고 심문하라고 명령했다. 죽음을 면치 못할 상황이었다. 이때 이존오를 적극적으로 변호하고 나선 사람이 바로 이색이다.

"간관을 죽이지 말라"

목은 이색은 원나라 과거에 합격해 관료 생활을 하다가 귀국한 문신으로 공민왕을 도와 개혁정책을 펼치고 있었다. 고려가 지향해야 할 통치 규범으로서 성리학을 전파하는 데 힘써 정몽주·이숭인·정도전·권근·남은·조준 등의 제자들을 길러낸 큰 스승이었다.

이색은 두 사람을 위한 변호에 나섰다. 그는 공민왕에게 "건국 이래 400년 동안 단 한 명의 간관도 죽인 적이 없습니다. 이존오를 죽인다면 자칫 임금에게 오명을 남길까 두렵습니다."라고 적극적으로 변호했다. 이존오는 이색의 도움으로 겨우 죽음을 모면한 후 전라도 장사(지금의 고창)의 감무로 좌천되었다.

신돈을 탄핵한 간관의 표상, 이존오

충현서원. 이존오는 서원이 처음 건립된 1581년부터 배향되었다. ⓒ 오재철

구름이 무심탄 말이 아마도 허랑하다.

중천에 떠 있어 임의로 다니면서

구태여 광명한 날빛을 따라가며 덮나니.

김천택의 《청구영언》에 실린 이존오의 시조다. 간신이 임금의 총명을 가리고 있음을 개탄한다는 내용이다.

이후 이존오는 고향인 공주목의 석탄(돌여울)으로 돌아와 은거했다. 석탄은 1914년에 공주군 반탄면 서원리에서 부여읍 저석리로 편입된 곳으로 그는 이곳에 석탄정을 짓고 올라가 울적한 마음을 달랬다. 하지만 그는 나라에 대한 걱정과 분한 마음을 이기지 못해 끝내 화병에 걸린다.

그는 "신돈이 아직도 기세등등하단 말인가? 신돈이 죽어야 나도 죽을 수 있겠다."라는 마지막 말을 남기고 세상을 떠났다. 이때가 공민왕 20년이던 1371년이다. 그의 나이 한창 젊은 31세였고 세상 사람들은 그가 분하게 죽었다고 말했다.

이존오가 죽은 후에야 뒤늦게 공민왕은 그의 충성심을 기려 성균관 대사성으로 추증했다. 그의 묘소는 경기도 광주시 초월읍에 있고, 공주 충현서원, 부여 의열사, 여주의 고산서원, 고창 충현사 등 여러 곳에 봉향되었다.

신돈을 탄핵한 간관의 표상, 이존오

두문동 72현에 꼽히다

이존오가 죽은 지 석 달 만에 신돈은 공민왕에 의해 처형되었다. 공민왕은 국정에 걸림돌이 된 신돈을 숙청하고 이색을 정당문학, 이성계를 지문하부사에 임명해 정계를 새롭게 개편했다.

공민왕 또한 이존오가 세상을 떠난 지 불과 3년 후 비명에 죽었다.《고려사절요》에는 "1372년(공민왕 21), 잘생긴 청소년을 뽑아 자제위를 설치했는데, 홍륜 등이 왕의 사랑을 얻어 침실에서 모셨다."라고 기록되어 있다.

부인이 넷 있었으나 아들이 없던 공민왕은 왕비들을 자제위 소년들과 사통시켜 아들을 낳게 하려고 시도했다. 그중 익비가 아이를 가졌는데, 아이의 실제 아버지인 홍륜을 죽이려다가 되레 죽임을 당하고 말았다. 이 이야기는 훗날 〈쌍화점〉이라는 영화로 만들어졌다.

이존오가 세상을 떠난 뒤 20년도 지나지 않아 고려 왕조는 문을

이존오 관련 유적 및 유물

• 충현서원 / 충청남도 문화재자료 제60호 / 공주시 반포면 공암리 381

• 충신 이존오 정려각, 석탄정 터 / 부여군 부여읍 저석리 저동마을

닫게 된다. 훗날 석탄 이존오는 고려 멸망과 함께 이어진 조선의 건국에 반대하여 두문동에서 끝까지 지조를 지킨 72명의 고려 유신을 총칭하는 '두문동 72현'의 한 사람으로 추증되었다.

|
신돈을 탄핵한 간관의 표상, 이존오

3

조선 전기

- 조선왕조를
  곧추세운 공주 이씨
  이명덕

김종서, 만고의 ●
충절로 기억되는
백두산 호랑이

- 공암에서
  호서유학의 씨를
  퍼트린 서기

충청·전라도를 지켜낸 ●
최초의 승병장, 영규

조선왕조를 곧추세운 공주 이씨 이명덕

공주 이씨 가문의 뿌리를 내리다

공주를 본관(시조의 출생지)으로 하는 성씨는 공주 김씨, 공주 모씨, 공주 박씨, 공산 안씨, 공주(공산) 이씨, 공산 정씨 등 6개의 성씨가 확인된다. 그중에서도 가장 인구가 많은 성씨가 공주 이씨인데 전국에 4만 명에 이른다고 한다. 이명덕(李明德, 1373~1444)은 공주 이씨의 입향조(맨 처음 지역에 가문을 뿌리내리게 한 인물)이자 가장 대표적인 인물이다.

그는 고려 말 공민왕 22년이던 1373년에 태어나 1444년(세종 26)에 세상을 떠났다. 형 이명성과 함께 목은 이색의 문하에서 수학했다. 이명덕은 서거정이 1481년에 펴낸 《동국여지승람》 〈인물조〉

에는 공주의 인물로 유일하게 올라있다.

《세종실록》에 이명덕은 '충청도 공주인'이라고 수록되어 있다. 그는 고려 때 첨의정승(종1품)을 지낸 이사손의 손자이며, 강릉부사, 전라도 안찰사를 지낸 이엽의 아들이다. 조선 태조 5년(1396)에 식년 문과에 급제한 후 예문춘추관, 공봉, 사헌감찰을 거쳐 30세 되던 1402년에는 경기우도 도사로서 소요산 아래에서 별전(화폐의 시제품으로 만들었던 주화) 만드는 일을 주관했다. 그 후 10여 년은 대간 직에 몸담았다.

태종의 최측근, 세종도 칭찬한 명관

이명덕은 그의 나이 44세부터 50세까지는 태종(이방원)을 가까이서 모셨다.《태종실록》에 전하는 일화 중 하나가 그 사실을 말한다.

태종이 세자인 충녕대군(세종)에게 왕위를 물려주려는 뜻을 신하들에게 밝혔다. 즉, 태종이 "내가 위로 하늘의 뜻에 보답하지 못하고 재앙만 있었으며 요즘에는 병이 도져 세자에게 자리를 물려줄까 한다."라고 하니, 이명덕이 옳지 않다는 뜻을 말했다. 한데 태종이 그의 말대로 듣지도 않고 벌을 주지도 않아서 사람들이 "이명덕이 임금에게 직간했다."라고 말했다.

아랫사송정마을과 금강 ⓒ 오재철

월송동 충절사의 이명성, 이명덕 초상 ⓒ 오재철

태종 18년(1418년), 이명덕이 지신사(왕명을 출납하던 승정원의 정3품 관직)로 근무할 때 태종이 드디어 세자에게 양위를 단행했다. 이명덕은 태종이 건네준 옥쇄를 받들어 세종에게 전달하는 역할을 맡았다. 세종이 즉위하자 그는 이조참판에 임명되었다가 바로 병조참판으로 옮겼다. 왕위를 물려주고도 병권만은 손에 쥐고 있던 태종이 그를 병조참판으로 기용한 것이다. 그만큼 그에 대한 태종의 신임이 두터웠음을 보여주는 일화다.

세종 4년(1422년), 태종이 별세하고 이명덕은 강원도 관찰사로 나갔다. 이어 예조참판, 사헌부 대사헌, 황해도 관찰사, 한성부윤을 잇달아 맡았다. 1430년(세종 12)에는 공조판서에 올랐고 이듬해에는 병조판서를 맡았다가 다시 공조판서를 맡았다.

1438년 정조사(정월 초하룻날 중국에 파견하는 사신)로서 명나라를 다녀온 후 그는 판한성 부사(정2품 벼슬)와 인수부윤을 지냈다. 70세가 되어 관직에서 물러났다가 지중추원사로 복직하고 판중추원사(정2품 벼슬)에 승진해 세종으로부터 궤장을 받았다. 궤장은 나라에 공이 있는 원로대신에게 임금이 내리는 의자와 지팡이를 말한다. 그는 말년에 공주목 산내면 정생리에 낙향해 노모를 모시고 후학을 가르치며 살았다. 지금의 대전 중구 정생동인데, 이명덕이 내려와 살자 정승이 사는 곳이라는 뜻으로 '정승골', '정생골'로 불렸다고 한다.

조선왕조를 곧추세운 공주 이씨 이명덕

이명덕은 1444년(세종 26), 72세의 나이로 천수를 누리고 세상을 떠났다. 사후에 우의정이 증직되고 '공숙'이라는 시호를 받았다. 공경하고 온화하며 양순하게 위를 섬기는 것을 '공'이라 하고, 한결같은 마음을 가져 결단성이 있는 것을 '숙'이라 한다는 주석이 붙었다. 그의 죽음에 세종이 제문을 내렸을 정도였다. 그 내용은 이러했다.

"경은 천성이 강직하고 풍교와 도의에 높았도다. 재주는 경륜에 넉넉하였고 전적에 해박했다. 사간원과 사헌부에서 논사에 격앙하였다. 태종께 뜻이 맞아 승정원에 발탁되매 말을 출납함이 분명했고 임금을 깨우침이 간절했다. 내가 조업을 이어받음에 이르러 도움과 유익함이 넓고 많았다. 병조에 장관으로 오래 있으면서 기율이 조금도 어긋남이 없었으며, 여러 번 지방 정사를 다스리매 백성들이 감당가(선정을 베푼 수령을 칭송하는 노래)를 불렀도다."

그의 묘소는 현재 공주 월송동 사송정마을의 충절사 뒤편, 금강이 내려다보이는 전망 좋은 곳에 자리 잡고 있다.

고려왕조에 절개를 지킨 친형 이명성

이명덕이 조선왕조를 굳건히 한 태조·태종·세종의 3대에 걸친 문신 관료로 이름을 남겼는데, 그의 친형인 이명성은 고려 왕조에 충성을 다했다.

고려 말에 감찰어사직에 올라 지제고(왕에게 글을 지어 바치는 관직)를 겸했던 이명성은 고려의 국운이 기울어가자 "나라가 망함에 있어 이를 구하지 못하면 충이 아니요, 어버이가 늙었는데 이를 부양하지 못하면 효가 아니다."라고 탄식하며 벼슬을 버리고 마식령 산맥 줄기인 강원도 이천으로 들어가 은거했다. 조선 건국 이후 태종이 그에게 여러 차례 벼슬을 주며 불렀으나 그는 "차라리 옛날 초나라 굴원처럼 귀를 자르고 물에 빠져 죽을망정 절대로 나가지 않겠다."라며 거절했다.

그는 동생 이명덕에게 "나는 두 임금을 섬기지 못하거니와 너는 나라를 잘 다스려 세상을 구제할 재능이 있고 아직은 벼슬을 하지 않았으니 연로하신 어머님을 모시고 네 뜻대로 하라."고 당부했다. 고려왕조에 끝까지 충절을 지킨 '두문동 72현'의 한 사람으로 추앙되어 공주 명탄서원은 물론, 두문동서원, 진안의 충절사, 장성의 경현사 등에 배향되었다.

지금 공주 월송동에 있는 충절사는 고려에 충절을 지킨 형 이명성과 조선왕조의 기틀을 잡는 데 공을 세운 아우 이명덕, 두 형제를 함께 기리는 사당이다. 처음 건립된 곳이 공주목 명탄면 영대리였기에 '명탄서원'이라고 부른다. 1914년에 연기군으로 편입되었다.

명탄서원은 1490년(성종 21)에 창건되어 1585년(선조 18년)에 서

조선왕조를 곧추세운 공주 이씨 이명덕

원 이름을 하사받았다고 전한다. 1597년 정유재란 때 소실되어 1851년(철종 2년)에 현재의 위치에 다시 세웠고, 흥선대원군의 서원 훼철령으로 헐렸다가 1956년에 다시 지었다.

 이명덕 관련 유적 및 유물

• 충절사(명탄서원) / 충청남도 문화재자료 제70호 / 공주시 월송동 239

김종서, 만고의 충절로 기억되는 백두산 호랑이

공주에서 태어나 모범적 관료의 길을 걷다

조선 전기의 충신으로 잘 알려진 절재 김종서(金宗瑞, 1383~1453)는 본관은 순천이고 태어난 곳은 공주 요당(현 공주시 의당면 월곡리)이다. 지평 벼슬을 한 그의 조부 김태영이 전라도 순천에서 한양까지 왕래하면서 그 중간쯤인 공주에 집을 마련한 것이 후손들의 고향이 된 것이다. 김태영의 처가가 전의 이씨인 것과도 관련이 있을 것으로 보인다. 지금은 세종특별자치시에 포함된 전의는 공주 땅과 붙어 있다.

이중환은《택리지》에서 충청도에 대해 "산천이 평평하고 아름다우며, 한양과 가까운 남쪽에 있어 사대부들이 모여 사는 곳이 되었다. 여러 대를 한양에서 살면서 충청도에 전답과 가옥을 마련해 생활의 근본으로 삼지 않은 집이 없다."라고 했다.

김종서는 태종 5년(1405)에 문과에 급제해 벼슬길에 올랐다. 그가 관료로서 주목받은 것은 강원도 지방을 감찰하며 빈민의 상황을 자세하게 보고하면서부터다. 정확하고 적극적인 자세로 공무를 수행해온 그는 37세 때인 1419년(세종 1년)에는 충청도에 행대감찰로 파견되어 수령들의 빈민 구제 상황을 살폈다. 이때에도 마찬가지로 그는 현장을 발로 뛰면서 기아 상태에 처한 백성들의 상황을 상세히 조사하고 보고했다.

이후 사간원 정언, 광주판관, 사헌부 지평, 이조정랑, 의정부 사인, 사헌부 집의 등의 벼슬을 두루 거쳤다. 47세 때인 1429년(세종 11)부터는 지금의 대통령비서실 격인 승정원 우승지(정3품)로서 세종을 가까이에서 보좌했다. 세종으로부터 두터운 신임을 받았던 그는 승정원에서 4년간이나 봉직했다.

6진 개척의 막중한 책임을 맡다

51세 되던 1433년(세종 15)에 세종은 그를 북방에 파견한다. 직위는 우참찬 겸 함길도(현 함경도) 관찰사였다. 이후 김종서는 관찰사

2년, 병마도 절제사 5년 등 짧지 않은 기간 동안 여진족과의 관계를 관리하며 함길도 일대를 다스렸다. 이때 그는 여진족이 차지하고 있던 오지들인 경원·종성·회령·경성·온성·부령 등 6진을 개척했다.

세종은 최윤덕을 평안도 도절제사로 삼아 압록강 중류에 4군을 설치하게 하고, 김종서에게 두만강을 조선의 확실한 동북부 국경선으로 만들게 했다. 이로써 압록강과 두만강이 한반도 국가의 국경이 되었다.

함길도 병마도절제사 재직 중이던 1435년 그의 모친이 별세했다. 부모상을 당하면 관직에서 물러나 삼년상을 치르는 것이 당시의 통례였다. 그런데 세종은 장례 후에 한 달이 지나자 "김종서는 상을 치른 후 임소로 돌아가게 하라. 100일 후에는 고기를 먹도록 권하라."라고 병조에 특별히 지시를 내렸다. 북방의 책임은 김종서가 아니면 맡길 수 없었을 만큼 세종이 그를 신뢰한 까닭이다.

주요 사서 편찬 도맡은 강직했던 문신

사람들은 김종서가 관리들을 과단성 있게 통제하는 기개와 공무를 강직하게 처리하는 것을 보고 큰 호랑이, 즉 '대호'라고 불렀다. 세

김종서, 만고의 충절로 기억되는 백두산 호랑이

종은 말년에 국방의 중대사를 대부분 김종서의 의견을 들어 결정했다.

김종서는 58세이던 1440년, 형조판서를 맡고 그다음 해에 예조판서에 임용되어 7년간 재임했다. 이때도 세종은 함길도의 군사 문제는 반드시 김종서와 상의하라고 지시할 정도로 그의 안목과 경험을 높이 샀다. 그는 예조판서 재직 시절 하삼도(충청·전라·경상도)의 목장 적합지를 순찰했고, 1447년(세종 29)에는 충청도 도순찰사에 보임되어 태안 지령산에 봉화대를 쌓고 포를 설치해 왜구의 침입을 방어하게 했다.

1450년 세종이 승하하고 문종이 즉위하자 김종서는 그해에 의정부 좌찬성이 되고 이듬해에는 우의정에 올라 정승으로서 문종을 보필하기 시작했다. 그가 좌찬성에 보임되었을 때 성균관 유생들은 임금에게 그를 성균관을 총괄하는 '영성균관사'를 겸하게 해달라고 주청했다. 과거시험을 총괄하는 예조판서 시절 부정 응시자를 단호하게 처벌하는 그의 모습을 지켜본 젊은 유생들이 그를 높이 평가했기 때문이었다.

세종만큼이나 김종서를 신뢰한 문종은 그에게 국가 중대사인 사서 편찬업무를 맡겼다. 김종서는 1449년 지춘추관사로서《고려사》139권을 편찬했고,《고려사절요》의 편찬을 주청해 마무리했다. 태조 때 처음 편찬한《고려사》는 조선의 건국을 정당화하려고 고려시대를 마구 깎아내려 잘못된 기술이 많았기에 세종은 이를 두 차례나 고쳐 쓰도록 했는데, 마지막으로 강직하고 사심이 없는 김종서에게 맡겨 2년 7개월 만인 1451년(문종 1)에 완간해 오늘에 전해지고 있다. 세종이 승하한 뒤 《세종실록》 편찬의 책임도 그가 맡아 1454년(단종 2)에 필사본 실록이 완성되었다.

문종의 유언에 따라 단종을 보필하다

문종(재위 1450~1452)이 일찍 별세하고 열한 살의 세자 이홍위가 왕위에 오르니 그가 바로 조선 6대 왕 단종이다. 직접 통치가 어려운 나이인 만큼 문종의 유언에 따라 영의정 황보인, 좌의정 남지, 우의정 김종서 등 3인의 대신이 주요 국정을 보필하며 많은 책임을 지게 되었다.

말년의 세종은 장손자(단종)를 직접 품에 안고 집현전에 나갈 정도로 아꼈다고 한다. 성삼문·박팽년·하위지·신숙주 등 집현전의 젊은 학자들에게 세손의 앞날을 부탁하기도 했다.

조선 개국 이후 처음으로 미성년의 단종이 즉위하자 정계가 불안해졌다. 단종의 야심만만한 삼촌 수양대군은 정사에 적극적으로 개입하며 친위세력을 키워가고 있었다. 어린 임금을 수렴청정할

109

대비(어머니)도 대왕대비(할머니)도 없었다. 나랏일은 의정부와 육조에서 도맡아 했다. 하지만 수양대군은 대신들이 왕의 권력을 독점하고 전횡을 일삼는다고 여겼다. 주요 대신들 가운데에 자신의 동생 안평대군과 가까운 이들이 많은 것도 불만이었다. 이 때문에 수양대군은 대신들과의 정면충돌도 꺼리지 않았고 사병을 모아 무술 훈련을 시키는 등 비정상적인 행보를 노골적으로 보였다. 이처럼 혼란스러운 환경에서 임금의 편에서 수양대군을 견제할 수 있었던 것은 세종과 문종 대를 거치며 성장한 정통 관료들이었고 그 중심에 김종서가 있었다.

수양대군의 첫 번째 표적

1453년 10월이었다. 단종이 왕에 즉위하고 1년이 지났을 때였다. 수양대군은 오랫동안 준비한 회심의 선수를 놓았다. 운명의 그날 저녁 무렵, 수양은 서대문 밖에 있던 김종서의 집을 찾아갔다. 김종서는 대문 밖으로 나와 맞이했다. 수양은 그저 문서만 전하겠다며 주위를 물리쳐 달라고 한 뒤 옷소매 안에서 종이를 꺼내 김종서에게 건넸다. 그가 빛에 비춰보려고 할 때 수양의 부하가 쇠망치를 휘둘러 김종서의 머리를 쳤다. 아들 김승규가 황급히 뛰어왔지만, 수양의 부하들에게 제압되어 죽임을 당했다.

김종서를 쓰러트린 수양은 단종에게 달려가 "김종서가 반역을 꾀하고 있어 죽였으니 나머지 역신들도 즉각 체포하게 명을 내려 달라."라고 강압했다. 김종서 등이 단종을 폐하고 안평대군을 왕위에 앉히려는 역모를 꾸몄다고 거짓 구실을 붙인 것이다.

왕명을 얻어낸 수양대군은 주요 신하들을 궁궐로 들어오게 한 다음, 미리 작성한 살생부에 따라 그 자리에서 반대파를 가려내 살해했다. 한편, 철퇴를 맞아 큰 부상을 입고도 살아난 김종서는 황망하게 피신했다. 궁에 들어가 단종에게 사실을 고하고 상황을 뒤집으려 했으나 수양대군 일파는 모든 통로를 봉쇄하고 있었다. 결국, 김종서는 이튿날 새벽 발견되어 참살당하고 말았다. 당시 수양은 김종서를 발견한 즉시 죽이라는 지시를 내렸다고 한다. 시간을 끌거나 정상적인 국문 절차를 거치면 자신이 불리했기 때문이다. 김종서의 나이 71세였고, 수양대군은 37세, 단종은 열두 살이었다. 이것을 '계유정난'이라 부른다.

이 당시 삼정승 중 한 명인 우의정 정분(1394~1454)은 김종서와 함께 단종을 지켰던 인물이다. 문과 급제 후 37년간 요직을 맡아 충직하게 수행한 것으로 역사는 기록하고 있다. 정분은 1436년(세종 18)에 충청감사를 지내고 나중에 하삼도(충청·전라·경상) 도체찰사를 역임한 바 있어 충청도와 인연이 깊다. 단종이 즉위하자 김종

김종서, 만고의 충절로 기억되는 백두산 호랑이

의당면 월곡리의 김종서 유허지 ⓒ 오재철

서가 천거해 우의정에 오른 그는 문종의 유지를 따라 단종의 왕위를 지키고자 했다. 계유정난 때는 김종서와 함께 처형될 처지였으나 수양대군의 심복 중 하나였던 정인지가 처남이었던 덕에 살아났다. 대신 전라도 낙안, 광양에 유배되었는데 결국 이듬해 죽임을 당하고 말았다. 그를 기리는 정려와 사우(충효사)가 공주 사곡면 호계리에 있다.

정변을 정난으로 미화하다

김종서의 죽음은 곧 정상적인 통치 질서 붕괴의 신호탄이었다. 영의정 황보인, 병조판서 조극관, 우찬성 이양 등을 비롯해 많은 문신·무신이 처형되거나 유배형에 처해졌다. 세종의 셋째아들이던 안평대군 또한 반역을 도모했다는 죄를 뒤집어쓰고 강화도로 유배되었다가 교수형으로 죽고 말았다.

반대파를 무자비하게 숙청한 수양대군은 스스로 영의정, 이조판서, 병조판서, 내외병마도통사(군 최고사령관)를 겸직해 권력을 한 손에 움켜쥔다. 왕은 무력한 허수아비가 되었다. 난을 일으킨 지 1년 후인 1454년 추석날, 수양대군은 유배를 보냈거나 감옥에 구금 중이던 정분·이석정·조완규·조순생·정효강·박계우 등과 안

충효사 전경 ⓒ 오재철

평대군의 아들 이우직, 황보인의 손자들, 김종서의 아들 김목대, 김승규의 아들 조동·수동 등 39명을 한꺼번에 사형시켰다.

1453년 10월에 시작해 이듬해 추석까지 이어진 수양대군의 정권 찬탈극을 흔히 '계유정난'이라고 부른다. 하지만 '정난'이란 나라에 닥친 재난을 평정했다는 뜻이므로 '정변'이 더 정확한 용어가 아닐까 싶다. 봉건시대에 왕위를 차지하기 위한 부자간, 형제간의 골육상쟁은 그리 드문 일은 아니었다. 하지만 계유정변은 명분도 적고 윤리를 저버린 쿠데타였다.

김종서는 1746년(영조 22년)이 되어 비로소 원래의 관직을 회복하여 명정을 받았다. 1791년(정조 15년)에는 장릉(단종의 묘) 충신단에 배향되었으며, 충익의 시호를 받았다. 고향인 공주의 요당서사와 계룡산 동학사의 숙모전에 봉향되었다.

묘가 위치한 대교리의 '한 다리' 전설

김종서는 공주에서 태어났을 뿐만 아니라 그의 집과 농토, 선대 조상들의 묘소도 공주에 있었다. 《세종실록》에는 세종 21년, 임금이 충청도관찰사에게 "공주에 사는 김종서의 부인이 오랫동안 병으로 고생하니 어육의 종류는 다소를 논하지 말고 계속 주어 돌볼 수 있

김종서 묘소 ⓒ 오재철

게 하라."라고 지시하는 기록이 있다. 당시는 김종서가 함길도 절제
사로 근무할 때였다. 또 계유정변이 있기 1년 전인 1452년, 좌의정
에 임명된 김종서가 공주에 있는 조상의 묘소를 찾아와서 제사를
올렸다는 기록이 있다.

그는 죽은 후에도 고향 공주에 묻혔다. 그의 묘는 공주시 장기면
대교리 밤실마을에 있었다. 고향인 의당면 월곡리의 집에서 6km
정도 떨어진 곳인데 2012년에 세종시에 편입되어 장군면 대교리

김종서, 만고의 충절로 기억되는 백두산 호랑이

가 되었다. 그의 둘째 아들 김승벽이 그의 시신을 말에 싣고 공주까지 달려와 이곳에 매장한 후 다시 몸을 피했다고 한다. 또 다른 설화도 있다. 김종서가 자식처럼 아끼던 말이 능지처참의 형을 당한 그의 한쪽 다리를 물고 공주까지 쉬지 않고 달려와서 죽었다는 것이다. 이때 김종서의 다리를 이곳에 묻고 묘를 썼는데, 그 후 마을 이름을 '한다리'라고 부르게 되었고 나중에 대교리로 바뀌었다고 한다.

김종서 관련 유적 및 유물

- 김종서 유허지 / 충청남도 문화재자료 제394호 / 공주시 의당면 월곡리 138-2

- 김종서 장군 묘 / 세종시 기념물 제2호 / 세종시 장군면 대교리 산 45

- 정분 · 정지산 정려 / 공주시 유형문화재 제18호 / 공주시 사곡면 호계리 514

- 충효사(부조묘, 고로서원) / 공주시 사곡면 호계리 514

- 동학사 삼은각 · 숙모전 / 충청남도 문화재자료 제59호, 제67호 / 공주시 반포면 학봉리 789

공암에서
호서유학의 씨를 퍼트린 서기

―――――――――

뛰어난 학문으로 한계를 극복하다

'호서 지역'은 오늘날의 충청도를 일컫는 말이다. 《중종실록》15년에 '호서'라는 명칭이 처음으로 나온다. 그로부터 200여 년 후 펴낸 이중환의 《택리지》에 따르면, 호서는 제천 의림지의 서쪽 지방을 가리킨다. 한편, 이긍익의 《연려실기술》에는 김제 벽골제를 경계로 전라도를 '호남', 충청도를 '호서'라고 한다는 기록이 있다.

지리적으로 호서의 한가운데에 있는 공주에 조선시대 학문 활동의 중심 역할을 했던 서원이 최초로 설립되었다. 고청 서기(徐起, 1523~1591)가 주도해 1581년(선조 14)에 건립한 '충현서원'이 그것인데, 공주시 반포면 공암리에 자리해 있다.

충현서원 © 오재철

서기가 태어난 곳은 오늘날의 보령시 남포면에 있는 제석촌이다. 그는 1523년 이천 서씨 서구령과 어머니 창녕 조씨 사이에서 태어났다. 경기도 이천에 살던 그의 할아버지 서승우가 연산군 4년이던 1498년 '무오사화' 이후에 보령으로 이주했다. 스승인 김일손이 연산군에게 처형되자 벼슬에 대한 뜻을 접고 은둔의 삶을 택했다고 한다.

서기는 본래 미천한 신분이었는데, 학문에 뛰어난 실력을 보이고 행실이 올바르다 보니 양인이 되었다는 설도 있다. 신분상 제약 때문에 평생 벼슬길에 나가지 못했으나 당대 최고의 학자인 서경덕, 이중호, 이지함에게 배우고 교류하며 선비들에게 우러름을 받았다.

서기는 7세 무렵에 남포에서 홍주(지금의 홍성) 상전리로 이사했다. 서당에 나가 글을 배우기 시작한 그는 어린 시절부터 비범했다. 제자백가를 두루 읽고 불교 경전에도 심취했다. 벼슬길에 나갈 수 없는 처지였기에 오히려 다양한 유파의 학문을 자유롭게 섭렵했을 수도 있다.

그는 1542년(중종 37)이던 20세 무렵부터 보령에 살고 있던 토정 이지함에게서 학문을 배우게 되었다. 사계 김장생의 학문이 공주·회덕·논산의 제자들에게 이어진 것처럼, 서기도 20리 인근의 스승 이지함에게 배우는 행운을 얻게 된 것이다.

공암에서 호서유학의 씨를 퍼트린 서기

이지함은 화담 서경덕에게 배워 학자로서 이미 이름이 난 때였다. 홍주에서 보령까지 매일 찾아오는 정성에 감동한 이지함은 서기를 제자로 흔쾌히 받아들였다. 서기는 날마다 왕래하며 3년을 배울 정도로 학업에 매진했다. 서기는 이지함에게 배우면서 한때 기울어졌던 불학에서 유학으로 돌아왔다.

1571년(선조 4) 홍주교수로 부임한 조헌도 보령의 이지함을 찾아가 가르침을 청했는데 그 무렵 이지함은 조헌에게 서기를 만나볼 것을 추천하며, "그 성실함이 금석을 뚫을 만하다."라고 높이 칭찬했다고 한다. 서기와 조헌은 이지함이 가장 아끼는 제자로 꼽혔다.

그는 중년 이후에 계룡산 자락인 공암에 정착해 후학을 양성함으로써 기호학파(경기도·충청도 지역의 이이·성혼을 잇는 유학자 집단)의 맥을 호서에 정립하는 역할을 했다. 기호학파는 충청지역을 기반으로, 영남학파와 더불어 조선 후기 성리학의 양대 산맥을 이뤘는데, 공주·논산·대전 등 금강의 중상류 지역이 중심이었다.

당대의 석학들과 긴밀히 교류하다

서기는 1550년경부터 스승 이지함을 따라 전국을 두루 둘러보았다. 지리산과 제주도까지 함께 갔다. 두 사람은 사제지간이었지만 여섯 살의 나이 차를 잊고 학문으로 통하는 친구 사이와 같았음을 엿볼 수 있다.

서기는 이지함과 함께 제주도에서 돌아온 후 스승의 소개로 이중호 문하에서 3년간 《대학》, 《중용》 등을 체계적으로 배웠다. 이중호는 김굉필의 가르침을 받은 유우의 제자였는데, 동시대의 학자 서경덕과 함께 예설(예절에 관한 학설)을 강론해 칭찬을 받을 정도로 탁월한 실력을 갖춘 학자였다.

이지함이나 서기와 교유관계를 맺은 인물은 대부분 화담 서경덕의 학문적 영향 아래에 있었다. 화담학파는 어느 하나의 사상만을 고집하지 않는 개방성과 다양성을 갖고 있었고, 과학계통의 지식에도 통달했다. 서경덕은 역학에 통달했고, 이지함은 천문이나 조수의 움직임에 능통했다. 서기가 천문·지리에 해박해 선기옥형(혼천의)과 같은 천문 관측기구를 제작한 것도 자연스러운 과정이었다.

서기는 공주에 오기 전 지리산에서 4년여 동안 살기도 했다. 그는 홍주에서 '강신당'이라는 향약청을 짓고 사림 세력의 사회 안정화 방안과 향촌 사회의 재구성을 위해서 여씨향약을 시행했다. 하지만 반대하는 이들에 의해 강신당이 불태워지는 일이 일어나자 가족을 이끌고 은거했다. 그때 스승 이지함은 조헌과 함께 서기를 찾아가 조헌을 처음 소개하고 지리산에서 몇 개월 동안 같이 지내며 학문을 논했다. 서기는 또한 당대의 쟁쟁한 학자들인 조식·성제

공암에서 호서유학의 씨를 퍼트린 서기

원·송익필·김장생 등과도 긴밀하게 교류했다.

충청우도 최초로 '충현서원' 건립

1581년, 서기는 지역의 유생들과 공주목사 권문해 등의 도움으로
공암정사(후일의 충현서원)를 세웠다. 충청우도(충청도의 서부 지역)에
서는 최초의 서원이었다. 그는 여기에 중국에 가서 직접 구해온 주
자의 영정을 모셔놓고 석탄 이존오, 한재 이목, 동주 성제원 등 고
장의 명현을 배향했다.

이존오·이목·성제원 등 3인은 공주와 깊은 인연이 있었다. 고려
말의 강직한 언관 이존오는 고향인 공주 석탄에서 요절했고, 이목
은 공주에 유배되었다가 사형당한 '무오 5현'의 한 사람이었다. 그
리고 성제원은 공주 태생으로 보은에 충청도 최초로 상현서원을
세운 후, 고향에 돌아와 성리학 연구에 매진한 인물이다.

서기는 임진왜란 1년 전인 1591년, 69세를 일기로 생을 마감했
다. 그는 병석에서 부인에게 "내년에 반드시 왜란이 있을 것이니
대비하라."라고 말했다. 이에 가족들은 그의 말에 따라 미리 대처하
여 화를 당하지 않았다고 한다.

서기와 관련해서 많은 설화가 전하고 있다. 탄생 설화를 비롯해

고청 서기 묘역 © 오재철

충현서원의 주자 영정

스승 이지함과의 신비한 행적, 중국에 주자의 영정을 구하러 자주 왕래한 이야기, 남명 조식을 찾아간 일화, 임진왜란을 예측한 일, 신통력으로 동학사와 궁궐의 불을 끈 이야기 등 다양하다. 그의 뛰어난 학문적 역량이나 전국을 무대로 한 폭넓은 활동은 민중에게 신비한 이야깃거리 그 자체였다.

서기에게 먼 훗날 나라에서는 지평(정5품)의 관직과 '문목'이라는 시호를 내렸다. 그가 세상을 떠난 지 한참 뒤인 1752년(영조 28년)의 일이다. 충현서원에도 곧바로 배향되지 못했지만, 지평에 추증되고 공주 유생들의 상소가 있고 난 뒤에 별향으로 모셔지게 되었다.

서기 관련 유적 및 유물

• 서기 묘소 · 신도비 / 공주시 향토문화유적 기념물 제27호 / 공주시 반포면 공암리 산 10-1

• 충현서원 / 충청남도 문화재자료 제60호 / 공주시 반포면 공암리 381

충청·전라도를 지켜낸
최초의 승병장, 영규

갑사에서 승병을 일으키다

임진왜란의 대표적인 승병장인 영규(靈圭, 미상~1592) 대사는 공주 계룡면에서 태어났다. 계룡산 갑사에서 출가하고, 서산 대사 휴정의 문하에서 불법을 깨우쳤다고 한다. 그의 본관은 밀양 박씨이고, 호는 '기허'다.

영규는 소년 시절 호랑이를 잡았다는 설화가 있을 정도로 용력이 남달랐다. 출가한 후 갑사 천련암에 머물면서 난이 있을 것으로 예측하고 지팡이를 가지고 자주 무예를 익혔다고 한다. 1592년 5월 왜적이 침입해 국토를 유린하고 백성을 학살하는 상황에 이르자 울분을 이기지 못해 3일 동안을 통곡하고 의승군을 규합했다. 이때가

계룡산과 계룡저수지 ⓒ 오재철

6월이었는데, 임진왜란이 일어난 후 승병을 일으킨 최초의 사례다. 선조가 묘향산에 있던 서산 대사 휴정에게 전국의 승병을 일으키도록 한 것은 그해 7월이었다.

《선조실록》 1592년 8월 26일 기사에 영규 대사가 기병하는 과정에 관한 상세한 기록이 실려 있다. 호성감 이주가 임금에게 "어떤 승려가 충청도에서 의병을 일으키면서 '한 그릇의 밥도 다 나라의 은혜다.'라고 하고는 그 무리를 불러 모아 지팡이를 들고 왜적을 쳤다고 합니다."라고 보고했다. 이어 문신 신점이 아뢰기를 "영규라는 승려가 3백여 명을 불러 모으고서, '우리가 일어난 것은 조정의 명령이 있어서가 아니다. 죽음을 두려워하는 마음이 있는 자는 나의 군대에 들어오지 말라.' 하니, 승려들이 다투어 스스로 앞장서서 모여 거의 8백에 이르렀는데, 조헌과 함께 군사를 합해 청주를 함락시킨 것이 바로 이 승려라고 합니다."라고 말했다.

영규 대사가 일어선 것은 자발적인 위국정신에서 나온 것임을 알 수 있다. 이때 선조를 비롯한 조정은 강 하나만 건너면 명나라 땅인 의주까지 당도해 있었다.

영규가 이끄는 승병은 조헌의 의병과 함께 작전을 펼쳤다. 조헌은 호서지역에서 학연을 기반으로 의병을 일으킨 대표적인 인물이다. 그는 1571년 지금의 홍성인 홍주교수(종6품)를 지낸 이후 전라도사와 보은현감, 공주목 제독관을 지냈다. 이러한 관직을 수행하

공주의 인물을 만나다

면서 각 지역의 인재들과 학문적인 교류를 맺었다.

7월 4일, 조헌이 공주향교에서 북을 울리고 기를 세워 의병을 모집했더니 1,600명의 대군이 되었다. 공주를 비롯한 홍주·정산·온양·회덕·보은 등 충청도 10여 개 고을에서 모여든 호서 의병이 조헌의 지휘 아래 따르게 된 것이다.

왜군의 보급선 청주성을 탈환하다

일본군은 1592년 4월 14일 부산과 동래를 함락시키고 한양을 향해 두 갈래로 충청도를 거쳐 올라갔다. 하나는 김천에서 추풍령을 넘어 영동과 청주를 거쳐 경기도 죽산으로 올라가고, 또 다른 대열은 조령을 넘어 충주를 거쳐 여주로 향했다.

영규의 8백 의승군은 조헌의 부대와 함께 일본군의 후방 거점인 청주성을 향했다. 청주성은 경기도 용인으로 이어지는 일본군의 우로 보급선이었다. 아직 일본군의 발길이 닿지 않은 호서 우도와 호남이 침범당할 수 있는 교두보가 될 수도 있었다.

의병 연합군은 8월 1일 청주성 서문 밖에 이르러 돌격해 들어갔다. 영규 대사가 선봉장이었다. 이때 《선조실록》에 기록된 비변사의 보고에는 "대사의 군령은 바람을 일으키는 듯하고 천승군이 약진하는데, 제군이 믿고 두려움이 없었다."라고 기록하고 있다.

왜군이 의병을 얕잡아 보고 성급하게 성문을 열고 나와 싸우다가 영규 대사가 직접 지휘하는 승병의 용맹한 기세에 밀려 퇴각했다. 적은 조총병을 앞세웠고 의병은 병장기마저 절대적으로 부족했지만, 지형과 수풀을 이용해 잠복하고 있다가 활을 쏠 수 있는 거리에서 포위하고 일시에 공격해 압도적인 승리를 거둘 수 있었다.

의병 연합군은 왜군을 쫓아 들어가 사다리와 밧줄을 이용해 성벽을 오르고, 주력은 서문을 치면서 동남북 삼면에서도 공격해 적의 주력을 분산시키는 작전을 펼쳤다. 그런데 갑자기 벼락이 치면서 큰 소나기가 내렸다. 마침 날도 저물어 공격을 중지하고 군사들을 쉬게 했는데, 그날 밤 왜군은 일부러 많은 깃발과 허수아비를 세우고 전사자의 시체를 불태운 다음 조선측 관군이 맡고 있던 북문을 뚫어내고 죽산 쪽으로 도망쳤다. 이로써 다음 날 아침 의병 연합군은 청주성을 탈환하는 데 성공했다.

청주성 전투는 의승군이 일본군과 벌인 최초의 전투였고 임진왜란이 일어난 이후 첫 승전이었다. 조헌에게 종4품 종상시 첨정, 영규에게는 당상관의 벼슬과 의복이 내려졌다.

금산의 일본군을 깨뜨려라

일본군은 조선 제일의 곡창지대인 전라도를 차지하려고 공세를 감행했다. 그들은 호남지역으로 들어가기 위해 남해안에 상륙하려고 했으나 이순신이 이끄는 조선 수군에게 막혔다. 5월 7일부터 옥포·합포·적진포에서, 5월 말부터 6월에 걸쳐서는 사천·당포·당항포·율포에서 그리고 7월에는 견내량·한산도·안골포에서 이순신의 수군은 적을 연이어 격파했다.

남해안을 통한 상륙을 포기한 일본군은 육로를 적극적으로 파고들었다. 충청도 금산은 무주와 더불어 호남지방으로 들어가는 왜군의 전초기지였다. 금산성에는 다른 곳의 두세 배가 넘는 1만 명 이상의 병력이 주둔하고 있었다.

청주성을 탈환한 직후 영규와 조헌의 의병 연합군은 북쪽으로 진군해 온양에 이르렀다. 이때 충청도 순찰사 윤선각이 의병 연합군의 북상을 반대하며 금산성을 먼저 공격할 것을 요청해 왔다. 관군과 관료들은 군사지휘권 문제 등으로 의병활동을 제약해서 의병의 숫자가 줄어든 형편이었다.

의병 연합군 지휘부는 서로 논의한 결과, 호남과 호서를 잃어서는 안 된다는 데 뜻을 같이하고 금산성을 공격하기로 했다. 영규 대사의 의승군은 유성에서 조헌의 호서 의병과 합쳐 8월 18일, 금산

충청·전라도를 지켜낸 최초의 승병장, 영규

성 십 리 밖인 연곤평(금산군 금성면)에 이르렀다.

금산으로 향하기 전, 영규는 호남에 있던 광주목사 권율의 관군과 연합해 공격하지 않으면 이길 수 없다며 회신을 기다릴 것을 주장했다. 그러나 조헌은 "군주가 치욕을 당하면 신하는 목숨을 버려야 하니, 그때가 바로 지금이다. 성패와 이해관계를 어떻게 돌아볼 수 있겠는가?" 하고 북을 치며 행군했다. 이에 영규 대사도 "조공을 혼자 죽게 할 수 없다." 하고 군사를 합해 떠나면서 권율 목사 측에 계속 연락해 금산으로 진군하도록 재촉했다.

7백 의병이 한시에 순절하다

조헌과 영규가 이끄는 금산 전투가 있기 전에 먼저 1차 금산 전투가 1592년 7월 9일부터 벌어졌다. 전라도 광주에서 거병한 전 동래부사 고경명의 의병이 금산성을 공격했다. 당시 일본군은 금산성에 진을 치고 전주로 나아가려 했다. 왜군은 7월 8일 저녁, 웅치의 조선군 방어선을 무너트리고 전주성 앞에까지 도달했다. 고경명은 연산에서 금산방면으로 적의 배후를 치고 들어가는 양동작전을 펼쳤다. 이에 전주성으로 향하던 일본군은 모두 금산성으로 퇴각했다. 고경명의 의병대는 관군과 함께 7천 명의 군세로 금산성을

영규 대사 묘역 ⓒ 오재철

포위하고 공격했다. 하지만 당시 일본군은 그 두 배에 이르는 1만 3천여 명에 달했다. 결국 고경명이 전사하고 의병군은 크게 패배하고 말았다.

2차 금산 전투 당시 조헌 의병과 영규의 의승군, 온양현감 양응춘이 이끄는 조선군을 합친 군사는 1천5백 명 정도였던 반면에 일본군은 무려 2만여 명에 가까웠다. 이들은 8월 18일, 연곤평에 이르러 권율이 이끄는 관군을 기다렸다. 하지만 후속 부대는 좀처럼 오지 않았다. 왜군이 이를 알아차리고 군사를 잠행시켜 의병대의 배후를 끊고 성에서 나와 선제공격을 해왔다. 수적으로도 무장력으로도 절대 열세인 상태에서 포위 공격을 당한 의병 연합군은 온종일 고군분투했다.

영규 대사는 "오늘은 한 번 죽음이 있을 뿐이다. 의에 부끄러움이 없도록 하라."라고 승병들을 비장하게 독려했다. 날이 저물 때까지 결사의 각오로 싸워, 세 번 쳐들어온 적을 세 번 다 물리쳤다. 그러나 승병들은 이미 화살이 다 떨어지고 맨몸으로 싸워야 할 형편이었다. 좌우에서 피신할 것을 청하자 영규는 "여기가 내가 죽을 곳이다. 장부가 죽으면 그만이지 구차스럽게 살 수는 없다."라고 말하고 북을 울리며 더욱더 세차게 전투를 독려했다.

물밀 듯이 몰려드는 왜군에 의병들은 맨주먹으로 육박전을 벌이기도 했지만 끝내 모두 순절하고 말았다. 일본군도 큰 피해를 보아서 시신을 옮기는 데 여러 날이 걸렸다고 한다.

영규 대사는 마지막 전투에서 치명적 중상을 입어 8월 20일, 계룡산 갑사로 이송되는 도중 숨을 거두고 말았다. 그가 순절하자 사람들은 예의를 갖춰 계룡면 유평리에 매장했다.

한편, 적잖은 타격을 입은 왜군은 2차 금산성 전투 한 달 뒤인 9월 17일, 금산성을 포기하고 성주 방면으로 퇴각했다. 이로써 호남과 호서를 온전히 지킬 수 있었으니 금산 전투는 결코 패배한 것만은 아니었다.

사후 130년이 지나 충신 명정을 받다

영규 대사가 세상을 뜬 후 선조는 그에게 동지중추부사의 벼슬을 내렸다. 하지만 승려 신분이었다는 이유로 오랫동안 '충신' 명정을 받지 못하다가 사후 130여 년이 지난 숙종 46년(1720년)에 되어서야 비로소 받게 되었다.

영규 대사가 숨진 곳은 계룡면 월암리 계룡면사무소 부근이었다고 전해진다. 1813년(순조 13)에 건립한 정려가 면사무소 정면에 수호신처럼 서 있다. 정려 안에는 명정 현판과 중수기가 보존되어 있다.

충청·전라도를 지켜낸 최초의 승병장, 영규

갑사 표충원의 영규 대사 영정 ⓒ 오재철

영규 대사가 있던 갑사는 임진년에는 피해가 없었으나 5년 후인 정유년에 왜군이 습격해 약탈당하고 사찰 대부분이 불태워졌다. 1604년(선조 37년)에 절을 다시 세웠지만, 병자호란 이후 또 심하게 훼손되어 1654년(효종 5년)에 대대적으로 중수했다고 한다.

1738년(영조 14) 갑사에 표충원을 건립하고 임진왜란의 승병장 서산 대사, 사명 대사와 함께 영규 대사의 영정을 모셨다. 1992년에 영규 대사 묘소에 순의실적비와 사당이 모셔지고, 매년 9월 23일에는 영규 대사와 의승군을 기리는 제향을 거행하고 있다.

영규 관련 유적 및 유물

• 영규 대사 묘 / 충청남도 기념물 제15호 / 공주시 계룡면 유평리 산 5

• 갑사 표충원 / 충청남도 문화재자료 제52호 / 공주시 계룡면 중장리

• 영규 대사 비 / 충청남도 문화재자료 제56호 / 공주시 계룡면 월암리 288-14

충청·전라도를 지켜낸 최초의 승병장, 영규

4

조선 후기

조선 최고 침의 허임, 《침구경험방》을 펴내다

《침구경험방》 집필한 우성면 뜸밭

공주에는 '뜸밭(뜬밭)'이라는 곳이 있다. 우성면 내산리 일대를 일컫는 명칭이다. 넓게 보면 한천리, 내산리, 도천리, 신웅리의 4개 리가 해당되는데, 예로부터 '뜸밭 열두 동네'라고 불려왔다. 뜸밭의 모습이 곰나루 위에 놓인 배와 같다는 의미에서 비롯됐다.

금강 곰나루를 건너 무성산을 바라보고 길을 가노라면 내산리를 거치는데, 큰 길가에 '침구경험방 집필지'라는 커다란 돌이 서 있다. 바로 이곳이 조선시대 최고 침의로 인정받았던 허임(許任, 1570~1647)이 살면서 집필활동을 한 곳이다.

허임은 조선 중기 의관으로, 본관은 하양이다. 조선시대 의원은

한천 저수지와 내산리 전경 © 오재철

대부분 중인 계급이었다. 조선 전기까지는 '유의'라고 해서 의학을 글로 익힌 선비들이 의원을 하는 경우도 많았지만, 의관은 잡관에 속해 내의원의 정(당하관 정3품)이 최고위직이었다. 그러다 보니 갈수록 명문가 자제들은 이를 꺼리고 점점 서얼이나 중인들의 직업으로 굳어져 갔다.

허임의 선조들은 본디 명문가 집안이었다. 선대 인물 중 한 사람인 허조는 집현전의 젊은 학자들과 함께 단종 복위 운동에 참여했다. 당시 그의 벼슬은 집현전 부수찬이었다. 그는 성삼문·박팽년·이개·하위지·유성원·유응부·김문기 등과 함께 단종 복위를 통해 뒤틀린 역사를 바로잡겠다는 결기를 세우고 기회를 엿보고 있었다.

1456년(세조 2) 6월이었다. 명나라 사신이 방문하여 환영 연회가 벌어졌다. 여기에 왕의 호위무사로 들어가기로 예정되어 있던 성승과 유응부는 기회를 보아 세조를 치기로 했다. 하지만 연회의 계획이 바뀌어 호위무사를 들이지 않게 되었다. 그 틈에 모의에 참여했던 김질이라는 인물이 거사 계획을 일러바쳤고 결국 목숨을 걸고 거사를 준비하던 이들 '사육신'은 고문 끝에 죽거나 처형당했다. 당시 이에 연루되었던 허조 또한 명예를 지키기 위해 목을 매 자결했다.

이로 인해 허씨 집안은 하루아침에 역적 집안이 되었다. 남자들은 처형되고 여자들은 노비가 되었는데, 자손 한 명이 겨우 살아남

공주의 인물을 만나다

아 대를 이었다고 한다. 허임의 어머니는 좌의정 김귀영의 여종이었다. 허임의 아버지 허억봉은 강원도 양양의 관노였지만, 오늘날의 국립국악원격인 장악원의 악공으로 뽑혀 한양에서 살게 되었다고 한다.

침을 놓아 선조를 살린 허임

임진왜란 때의 왕이었던 선조 이균(재위 1567~1608)은 16세에 왕이 되어 41년간 재위했는데, 말년에는 중병으로 고생을 했다.

선조 37년이던 1604년 9월 23일 《선조실록》의 기록이다. 임금이 한밤중에 편두통을 호소하자 어의 허준이 "침의들은 항상 말하기를 반드시 침을 놓아 열기를 해소해야 통증이 줄어든다고 합니다. 소신이 침을 놓는 법을 알지 못합니다만 그렇게 알고 있습니다. 허임도 평소에 경맥을 이끌어낸 뒤에 아시혈에 침을 놓을 수 있다고 했는데, 일리가 있습니다."라고 아뢴다. 이에 왕은 허임을 들어오게 해서 침을 맞았다. 기록에 의하면, 허임은 1596년에 이미 종6품의 치종교수였고 왕을 위해 자주 시침했다고 전한다. 내의원의 주도권을 가진 약의를 통해 약으로 며칠 끌다가 차도가 없었던 선조는 허임의 침을 맞은 후에야 완쾌했다.

조선 최고 침의 허임, 《침구경험방》을 펴내다

허임을 능력을 알아준 이는 다름 아닌《동의보감》을 집필한 허준이었다. 당시 허준의 나이는 50대, 허임은 30대였다. 허준은 허임을 천거할 때 자신은 침놓는 법을 모른다고 솔직하게 말했지만, 침구학의 중요성을 잘 알았기에 내경·외형·잡병·탕액·침구 등 다섯 편으로 나뉜《동의보감》의 마지막에 침구 편을 엮어놓았다.

침의들은 침을 써서 종기를 치료하거나 뜸 치료를 맡았다. 약의보다는 아래였고 숫자 또한 적었다. 종기를 째고 피고름을 닦아내야 하기에 당시엔 '더럽고 힘든' 분야로 여겼기 때문이다. 하지만 침으로 맥과 혈을 물리적으로 뚫는 외과적 방법이 병 치료에 효과적일 때가 많았다.

광해군과 함께 공주에 오다

그렇다면 미천한 신분의 부모를 둔 허임은 어떻게 침술을 배우게 된 걸까. 그는 "어려서 부모의 병 때문에 의원 집에서 일한 적이 있었는데, 오랫동안 공들여 어렴풋이나마 의술에 눈을 떴다."라고《침구경험방》의 서문에 쓰고 있다. 어머니 박씨가 병에 걸려 자주 침을 맞아야 했는데, 가난해서 제대로 진료비를 낼 형편이 못 되어 아들 허임이 의원 집에 가서 일을 도와주는 것으로 갚곤 했는데, 이때 어깨 너머로 침 놓는 법을 배우기 시작했다. 효성이 침술을 낳은 셈이다.

1592년 임진왜란이 일어나자 허임은 세자로 책봉된 광해군을 모시게 된다. 선조는 명나라와 인접한 의주까지 피난하던 길에 평안도 박천에서 광해군에게 조정을 나눠 맡긴다. 1592년 6월부터 광해군은 분조를 이끌면서 평안도·황해도·강원도를 순회한 데 이어 왜군에 점령되지 않은 충청도와 전라도로도 발을 넓혀 민·관·군을 위로했다.

조선왕조실록 《광해군일기》를 살펴보면, 허임은 선조 26년인 1593년 광해군을 수행해 11월에는 황해도 해주에서, 12월에는 전라도 삼례역에서 세자에게 침을 시술하고 그 후로 3일 간격으로 시술했다고 전한다.

왜란 중에 광해군은 세 차례에 걸쳐 80여 일간 공주에서 머물렀다. 첫 방문은 1593년 11월24일인데, 유구역에 머문 뒤 12월 1일 공주에 들어온다. 이때 13일까지 머무르다가 전주로 내려갔다 다시 올라와 다음 해 2월 21일까지 50여 일간 공주에서 머물렀다. 그 후 같은 해 8월 7일 홍주에서 공주로 들어와 머무르다가 그달 20일에 한양을 향해 떠났다. 허임은 광해군을 호종하며 공주에 머무르게 되고, 이것이 인연이 되어 은퇴 후 말년을 보낼 곳으로 공주를 택하게 된다.

조선 최고 침의 허임, 《침구경험방》을 펴내다

침술 하나로 정3품에 오르다

허임의 이름은 왕조실록에 총 15차례 등장한다. 허임이 어의로 활동한 기간은 선조와 광해군 대까지 30년에 가깝다. 두 임금을 보필한 허임은 당상관으로 파격적인 승진을 하고 많은 상을 받는다. 특히 광해군 재임기간 내내 왕의 총애를 받았다.

그는 광해군 4년이던 1612년에 허준과 함께 의관록에 기록되고, 임진왜란 때 광해군을 호종한 공을 인정받아 위성공신 3등에 올랐다. 이로써 허임은 통정대부에서 가선대부(종2품)로 승급되고 20결의 토지를 받았다. 1616년엔 영평(지금의 경기도 포천) 현령에 제수되고, 왕에게 시침한 공으로 가의대부로 한 번 더 승급되었다. 이어서 1617년에는 정3품의 고위직인 양주목사에 제수되었지만, 사헌부와 사간원의 반대로 부평부사로 낮추어 임명되었다.

조선시대는 명의라고 해도 안정적인 삶을 누리지는 못했다. 내의원 소속 의원들이 임금에게 인정받아 벼슬이 높아질 때마다 조정의 벼슬아치들은 들고일어나 깎아내렸다. 특히 허임에게 벼슬이 내려질 때마다 사헌부와 사간원은 그가 미천한 신분임을 들어 극심하게 반대했다. 1609년 10월 마전(지금의 경기도 연천) 군수(종4품)에 제수되었으나 조정의 반대로 결국 8일 만에 철회되어 부임하지 못한 것이 대표적이다.

1622년(광해군 14)에 종3품직인 남양 도호부사가 되었으나 1623년 3월, 능양군 이종이 광해군을 몰아내고 왕위에 오름으로써 허임의 공직생활도 끝날 위기에 처했다. 하지만 새 임금인 인조 때에도 그는 어의로 일했다. 인조 6년(1628)에는 왕에게 여러 번 시침해 표범 가죽 등을 하사받은 침의 네 명 가운데 그의 이름이 제일 앞에 기록되어 있다. 역사적으로 정파 싸움이 심했던 시기였음에도 불구하고 그의 침술은 정파를 떠나 인정받았다는 증거다.

1639년, 인조 17년 8월에는 식은땀을 흘리는 인조를 치료하고자 내의원 도제조가 이미 공주로 은퇴한 허임을 추천한 기록이 있다. "지금 치료하는 의원보다 허임이 뛰어납니다. 허임이 이 병을 치료한 적이 있습니다. 그런데 지금은 늙어서 말을 타고 이동할 수가 없습니다."라고 왕에게 보고했다. 그러자 인조는 "그러면 사람을 보내서 침구 처방을 받아오게 하라."라고 명했고 결국 6일 후에 허임에게서 처방을 받아가지고 왔다. 당시의 다른 기록을 보면, 한양에서 공주까지는 323리 떨어져 있고 3일 반 정도 걸린다고 되어있다.

조선 최고 침의 허임, 《침구경험방》을 펴내다

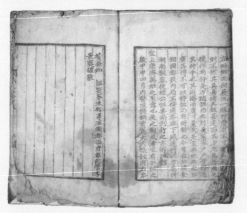

침구경험방 책자 ⓒ 국립중앙박물관

일본에서도 출간된《침구경험방》

허임은 만년에 공주로 내려왔다. 공주에 정착한 허임은 평생의 경험을 집대성한《침구경험방》을 펴냈다. 그의 나이 75세였다. 첫 판본이 발간된 것은 1644년(인조 22)이다. 당시 영의정(내의원 도제조 겸임) 김류가 임금의 뜻을 받들어 출판을 지시했고, 내의원 제조 이경석이 전라도 관찰사 목성선에게 간행하도록 했다.

《침구경험방》을 저술한 이유에 관해서 허임은 아래와 같이 적었다.

"명민하지 못한 내가 어릴 때 부모의 병환으로 의원의 집에서 일하면서 오랜 노력으로 눈이 뜨인 정도인데 지금에는 노쇠해 올바른 방법이 전해지지 못할까 걱정이다. 평소의 견문을 가지고 대략 편집하고 차례를 지어, 우선 진찰의 필요성과 질병의 전환 구조를 살펴보고, 보사법을 밝히고 취혈의 잘못된 점을 바로잡았다. 또한, 효과를 시험해 본 중요한 경혈과 병에 합당한 약을 적어 한 권으로 만들었다."

허임의《침구경험방》은 우리나라 최초의 침구 전문 의학서다. 《동의보감》이 그때까지의 모든 의학지식을 담은 백과사전인 반면, 《침구경험방》은 우리나라 사람에 대한 수많은 임상을 바탕으로 한 실용적인 침술서다. 신체 부위별, 병의 계통별로 혈 자리와 치료법

침의 허임 《침구경험방》 집필지 표지석 © 오재철

을 상세히 소개하고 있다.

《침구경험방》이 간행된 지 7년이 지난 1651년(효종 2)에 침의청이 설치되었다. 내의원에 부속되어 침의 12명이 근무했다. 허임이 침술 의학의 보급에 힘쓴 것이 결실을 본 셈이다.

이 책을 남김으로써 허임은 의료 발전과 국민건강에 큰 역할을 했다. 《침구경험방》은 1644년 처음 발간된 이후 활자나 목판으로 수차례 간행되었다. 필사본도 여러 종이 전하고 그중에는 한글로 풀이한 언해본들도 있다. 현대에 들어서도 한글로 쉽게 풀고 도해를 더해서 여러 출판사에서 출판되고 있다.

《침구경험방》은 일본에서도 총 세 차례 간행되었다. 첫 번째 간행은 1725년이었다. 의학도 야마가와 쥰안이 우리나라에 유학을 왔다가 이 책을 가져갔는데, 그는 서문에서, "조선에서는 침구가 의가의 요체였고 그 효험이 가장 빨랐는데, 한결같이 허씨의 경험방을 배워서 하는 것이었다. 조선의 침술이 최고라고 하고 평소 중국에까지 명성이 자자하다는 말이 꾸며낸 말이 아니었다."고 썼다.

중국은 침구학의 메카였지만 허임의 《침구경험방》만한 의술서는 없었다. 청나라 건륭 연간(1736~1796)에 《면학당 침구집성》이라는 책이 발간되어 그 후 지금까지도 계속 재간행되고 있는데, 허준의 《동의보감》 침구편과 허임의 《침구경험방》 전체를 무단으로 베낀 것에 불과하다.

한편 2017년 〈명불허전〉이라는 제목의 드라마가 역사 속 인물 '허임'을 주제로 방영되기도 했다. 허임이 시간여행을 가서 현대의 술을 가진 의사들과 대결을 한다는 재미있는 스토리다.

허임 관련 유적 및 유물

· 침의 허임 침구경험방 집필지 기념비 / 공주시 우성면 내산리

· 허임 묘소(하양 허씨 조상 묘) / 공주시 우성면 한천리 무성산 입구

충청감영 300년과 충청도관찰사

-

공주에 충청도관찰사가 상주하게 하라

공주는 475년부터 538년까지 백제의 수도였고, 통일신라 시기에는 웅천주의 주도로서 충청지역의 13개 군, 29개 현을 총괄했다. 고려 태조 23년인 940년에 웅주를 공주로 개칭했고, 성종 2년이던 983년에는 전국에 12목이 설치될 때 충남 지역에서 유일한 목으로 설정되기도 했다. 그 후 조선 초기 전국을 8도로 확립할 때 충청도의 54개 고을 가운데 4목(공주·홍주·충주·청주) 중의 하나가 되었다. 그러다가 왜란 직후인 1603년 충청감영이 공주에 설치되어 관찰사가 상주하게 되면서부터 공주는 이후 300여 년 간 충청도의 정치·행정·문화의 중심지로 위상이 크게 높아졌다.

선조 35년이던 1602년 충청도관찰사로 임명된 류근은 충청감영의

제민천과 대통교 © 오재철

주재지를 공주로 옮길 것을 건의했다. 그전까지 역대 충청도관찰사들은 충주를 중심으로 각 고을을 순회했다. 당시는 7년간의 참혹한 왜란을 겪은 직후로, 왜적의 침입에 대비한 전략적 요충지로서 공주의 중요성이 크게 부각된 시기였다.《선조실록》에 따르면, 1598년 11월 영의정 류성룡은 "왜적이 호남 방면에서 침입해오면 공주에서 막아야 한다."라고 건의한 바 있었다. 1602년에 선조가 "겸목(충청도관찰사가 공주목사를 겸임하게 한다는 뜻)하라."라고 지시했다.

북으로 차령산맥과 금강이 가로막고, 남으로는 계룡산을 비롯해 시가지 주변을 병풍을 친듯 고지가 둘러싸고 있는 공주야말로 천혜의 요새라 할 만했다. 한양과 호남을 잇는 삼남대로가 금강의 수로와 교차하는 교통의 요지이기도 했다. 공주는 예로부터 '구구십리의 고을'로 불렸다. 구십 리 안에 9개의 군현이 있다는 뜻이다. 지금도 공주시는 대전광역시, 세종특별자치시, 천안시, 아산시, 예산군, 청양군, 부여군, 논산시, 계룡시 등 9개의 각급 지방자치단체와 맞닿아 지리적 중심 역할을 하고 있다.

조선시대에 전국을 8도로 나누고 관찰사를 파견했는데, 관찰사가 집무하는 관청은 감영이라고 했고, 특별히 공주의 충청감영은 '금영', 관찰사는 '금백'이라고 했다. 이는 금강의 비단 '금(錦)' 자를 쓴 것이다. 관찰사는 종2품직으로 해당 도의 병마절도사(종2품), 수군절도사(정3품)를 겸할 수 있었다. 도내 각 군현의 수령의 직무를 감찰·감독하는 것이 기본 업무였지만, 감창(재정의 감독), 안집(재해 방비 등 백성의 평안 도모), 전수(조세의 수송), 권농(농업 생산의 장려), 관학(학문의 진흥과 백성 교화), 형옥(범죄 검찰), 병마(군사와 군비), 산성의 관리 등도 관찰사의 임무였다. 관찰사는 곧 왕권의 대행자였기 때문에, 해당 도의 전반적인 행정 기능을 망라하고 사법권, 병권까지 부여한 것이다.

실제 충청감사는 여러 업무를 더 했다. 국가적인 각종 의례와 제사를 주관하기도 했는데, 계룡산과 금강, 고찰들이 그 대상이었을 것으로 추정된다. 서적 출판도 주도했다. 고청 서기의 유고집 등 유명 학자의 문집과《소학》등 교육용 책자를 펴냈다. 또 3년에 한 번씩 향시를 주관해

생원 90명, 진사 90명을 선발했는가 하면 충청도의 토산물을 왕실에 진상하기도 했다. 진상품은 각 고을에 나눠 조달하되 감영에서 직접 바쳤기 때문에, 공주는 도내 토산물의 집산지 역할을 했다. 특히 약재 진상을 위해 1730년부터 매년 3월과 11월에는 한약재를 전문적으로 다루는 '약령시'를 열어 대구와 함께 오랫동안 전국적으로 유명했다.

관찰사 업무를 보조한 부지사의 직책이 도사(종5품)였다. 또한 충청감사가 공주목사를 겸하면 판관(종4품)이 목사 업무를 도왔으니, 시장을 보좌하는 부시장 격이었다. 공주 중학동의 옛 도립공주의료원 터가 본래 공주목사·공주판관의 집무처인 동헌 자리였으며 이곳을 '공산아문'이라고도 불렀다. 멀리 보면 고려시대부터 공주목은 중학동의 이 자리에서 지금의 광역시와 같은 역할을 수행했다.

터를 자주 옮겨야 했던 충청감영

충청감영은 지금의 대전시·세종시와 충청남북도를 포괄하는 4개 목, 54개 고을을 관할했다. '충청도'라는 이름은 공주·충주·청주·홍주의 4목 중 충주와 청주의 머리글자를 딴 것이다. 하지만 충공도·청공도·공충도·공청도·공홍도 등 공주가 들어간 이름이 역대로 다 쓰일 정도로 명칭에 변동이 많았다.

공주는 1603년에 감영이 상주한 이래 1932년 충남도청이 대전으로 이전할 때까지 약 330년간 충청도의 수부 역할을 했다. 임진왜란 때는

충청감영 선화당 ⓒ 오재철

명나라 지원군이 공산성에 주둔했고, 이괄의 난 때에는 인조가 피난해 내려와 6일간 머물렀다. 공주 감영과 황새바위 등지에서 1백년에 걸쳐 수백 명의 천주교 신자들이 처형된 것도, 동학농민군이 1894년에 수만 명의 사상자를 내면서 공주를 공략했던 것도 충청감영이 이곳에 있었기 때문이었다.

충청감영은 고종 33년인 1896년 충청도가 남북으로 분리되면서 공주는 충청남도 37개 군을 소관으로 하는 충남관찰부 소재지가 되었다.

충청감영 건물의 위치는 자주 이동했다. 관찰사 류근이 처음 지었던 공산성 안의 충청감영은 다음해인 1604년에 공주 시내로 내려왔다. 너

충청도 포정사 문루와 선화당 © 오재철

무 협소하다는 것이 이유였다. 공산성 내 감영 건물은 그 후 1624년에 이괄의 난으로 인조가 내려와 6일간 머물 때 행재소로 사용했다.

인조 24년이던 1646년 4월, 관내에서 안익신·유탁 등이 일으킨 모반사건이 발각되었다. 이를 계기로 그해 7월에 유사시 방어가 용이한 공산성 안으로 감영을 옮겼다. 정작 옮기고 보니 관찰사의 정청에서 산성까지 2km나 떨어져 있고 감영에 이르는 성 안팎의 길 또한 험했다. 이 때문에 1653년 관찰사 강백년이 봉황산 아래의 옛터로 또다시 충청감영을 옮겼다. 하지만 복원된 구영은 대천(제민천) 옆이어서 해마다 홍수 피해를 당했다. 지금의 중동 인근까지 배가 올라올 정도로 물이 불어나서 관아 건물도 침수되는 일이 잦았다.

1706년, 숙종 32년에 다시 봉황산 아래에 감영 건물을 새로 짓고 옮겼다. 지금 공주사대부고가 있는 자리다. 충청감영은 이곳에서 1932년 충남도청이 대전으로 이전될 때까지 225년간 터를 굳혔다. 감영 건물 중 선화당과 포정사 문루는 현재 국립공주박물관 옆에 옮겨져 있다. 선화당은 관찰사의 집무실이었고 포정사 문루는 감영의 정문으로 '충청도 포정사'라는 편액이 걸려 있다.

1. 감영을 처음 설치하고 공북루를 세운 관찰사 류근
- 1602년(선조 35) 부임

류근(1549~1627)은 임진왜란 중인 1596년 충청도관찰사를 역임하고

공주에 부임한 341명의 충청도관찰사

공주목사의 임기가 5년으로 정해져 있던 반면, 관찰사는 1년의 임기를 수행하면 교체해 해당지역에 세력을 뿌리내리지 못하게 했다. 조선시대에 충청도관찰사에 임명된 이는 6백여 명인데, 공주에 감영이 설치된 1603년부터 1896년 도제 개편 때까지는 341명에 이른다. 관찰사는 평균 10개월 정도 근무했음을 알 수 있다. 오늘날 공산성 서문(금서루) 앞에는 관찰사, 순찰사, 암행어사, 목사, 판관, 중군 등의 송덕비류가 40여 기 세워져 있는데, 공주 관내의 여러 곳에 있던 것을 모아놓은 것이다.

공산성 금서루 앞 비석군

1602년에 두 번째로 관찰사에 제수되었다. 선조에게 충청감영을 공주에 상주하게 할 것을 주청해 허락을 받았으니 공주의 역사에 큰 영향을 미친 인물이다. 그는 감영 건물을 짓고 공산성을 다시 쌓았으며 영은사와 공북문, 진남문을 건립했다. 류근은 충청감사를 마친 이후 대제학·좌찬성을 역임했다. 공산성의 정문인 공북루는 여러 차례 개·보수가 이뤄졌는데, 지금도 공북루에는 중수기문 5점, 시문 8점 등 모두 14점의 편액이 걸려있어 유서 깊은 역사를 증언하고 있다.

2. 공주의 홍길동 전설을 소설로 쓴 공주목사 허균
- 1607년(선조 40) 부임

1603년부터 충청도관찰사가 공주목사를 겸하는 겸목제를 시행했지만 목사를 따로 임명하기도 했다. 최초의 한글소설《홍길동전》의 저자 허균(1569~1618)이 바로 그런 경우다. 그는 1607년에 공주목사로 부임해 근무하다가 1608년(광해군 1년) 8월에 파면되었다. 허균은 바로 전라도 부안으로 내려가 여류시인 매창과 천민출신 시인 유희경 등과 교류했다. 그가 쓴《홍길동전》이 1612년에 완성됐는데, 공주에서 근무할 때 홍길동의 행적과 설화를 수집하고 줄거리를 구상했을 가능성이 크다.

《조선왕조실록》에 따르면, 홍길동은 충청도 일대에서 출몰한 강도 우두머리로서 1500년 10월에 붙잡혀 처형되었는데, 그와 연관된 관리

들도 처벌을 받았다. 공주 무성
산은 해발 614m로 실제인물
홍길동이 활동한 무대로 알려
져 있다. 홍길동성(무성산성)은
둘레가 530m에 이른다. 동문
지와 서문지가 남아 있고 치성
5개소, 건물지와 저수시설 등이
확인되었다. 무성산 자락에는
홍길동굴, 걱정봉, 짝바위, 장수
바위, 홍길동누이 공깃돌바위
등에 홍길동 설화가 전한다.

류근 초상

　공주에 근무할 때 허균은
'칠서의 옥'(1613년) 주역이 되
는 양반가의 서자인 서양갑, 심우영 등과 어울렸다. "부형(父兄)을 부
형이라고 부르지 못하는" 한 많은 인생에 울분을 토하던 칠서들은 역
모를 꾀한 죄로 모두 처형되었다. 허균도 한때 형조판서에 이르기까지
승승장구했지만 1617년, 역모 혐의로 체포되어 능지처참되었다. 서자
로 태어난 홍길동이 활빈당을 만들어 탐관오리를 징계하고 율도국의
왕이 되는 등의 파격적인 내용을 담은《홍길동전》은 저자 미상으로 유
통되다가 허균이 죽은 후에야 저자가 밝혀졌다.

3. 공산성을 중수하고 공주향교를 옮겨 지은 목사 송흥주
- 1623년(인조 1) 부임

공주목사 송흥주는 1623년에 공산성을 대대적으로 중수했다. 당시 공산성 내 충청감영은 공주목의 옛 감영자리로 다시 옮겨진 후였다. 1624년 공주에 온 인조는 이곳을 행재소로 삼아 6일간 머무르고 한양으로 돌아갔다. 1625년 2월 14일의 실록에 의하면, 송흥주는 인조가 공주에 머무르던 모습을 그린 '산성주필도'를 바쳤다고 한다. 인조는 "그대가 올린 그림을 걸어놓고 항상 스스로 경계하겠다."라고 말했다. 1623년에 목사 송흥주, 순찰사 신감의 지원으로 공주향교가 교동에 지어졌다. 공주향교는 원래 송산리 고분군의 남쪽 사면에 있었는데 그 전 해에 화재로 불타 새로 지었다.

4. 초상화와 《병자일기》로 남은
관찰사 남이웅
- 1629년(인조 7) 부임

남이웅(1575~1648)은 인조반정에 참여하고 경기·충청·경상도의 관찰사를 지낸 인물로, 공주에는 1629년에 부임했다. 1626년에 동지사로 해로를 따라 중국을 다녀와 《시북노정기》라는 여행기

남이웅 초상

를 남겼다. 이때 중국 화가가 그린 것을 비롯해 그의 초상화 4점이 전해 내려온다. 남이웅의 부인인 조애중(1574~1645)이 쓴《숭정병자일기》는 1636년 12월부터 1640년 8월까지 순한글로 일상을 기록한 글이다. 병자호란을 당해 피난을 다니며 고초를 겪은 일과 고위관리 집안의 가정사 등을 생생히 관찰할 수 있다. 남이웅의 묘소는 공주 반포면 성강리(2012년 세종시에 편입)에 남산영당과 함께 있다.

5. 호서 대동법을 시행한 실학자, 관찰사 김육
- 1638년(인조 16) 부임

김육(1580~1658)은 1638년 충청도관찰사로 공주에 부임했다. 그는 충청도의 토지대장과 세금징수 상황을 면밀히 점검하고 민생을 안정시키기 위한 방책으로 대동법과 균역법 시행을 건의했다. 대동법은 지역 토산물을 바치는 공납의 개혁방안으로서, 각종 명목으로 잡다하게 부과하던 세목을 하나로 통합하고 부과 단위를 가호에서 토지 결수에 따라 차등해서 내도록 했다. 하지만 대동법은 기존 사회경제에 적잖은 변화를 가져오는 방안이어서 시행하기가 쉽지 않았다. 그

김육 초상

가 1651년 영의정에 올라 비로소 충청도에 대동법을 시행했는데 "백성들이 밭에서 춤추고 삽살개도 아전을 향해 짖지 않았다."라고 그 효과를 스스로 높이 평가했다. 김육은 민생을 위한 개혁가였다. 기근과 전염병에 대한 대처방안을 담은《구황촬요》와《벽온방》언해본을 간행하고, 화폐의 주조·유통을 건의해 시행했으며, 수레·수차의 보급과 서양 역법이었던 시헌력 채택을 실현했다.

6. 호서 대동법 실행한 관찰사 이시방
- 1641년(인조 19) 부임

이시방(1594~1660)은 연안 이씨로 아버지 이귀와 함께 인조반정에 주도적으로 참여해 인조 즉위 후 공신이 되었다. '이괄의 난'이 일어나자 반란군을 토벌하고 서산군수, 공조참판을 이어 맡고 1636년 전라도관찰사로 승진했다. 1640년에 제주목사로 나가, 그곳에 유배 중이던 광해군이 죽자 손수 시신을 수습했다. 1641년 충청도관찰사에 제수되고 나중에 호조·공조판서까지 올랐다. 1645년 호조참판으로서 충청도·전라도에 대동법 시행을 강력히 주장해 시행하게 한 주역 중 한 명으로 꼽힌다. 공주 마곡사 건물을 다시 짓던 1650년 즈음에는 절 주변의 땅에 대한 세금을 면제받게 해줬다. 연안 이씨 집안이 공주 이인 지역에 정착한 것은 이시방의 넷째아들 이준 때부터라고 전한다.

7. 〈공주 십경〉 시를 지은 공산현감 신유
- 1647년(인조 25) 부임

죽당 신유(1610~1665)는 역모 사건이 있어 공주가 공산으로, 목사가 현감으로 강등된 1647년에 공산현감으로 부임했다. 신유는 공주에서 2년 가까이 근무하고 도승지, 대사간을 거쳐 형조·호조·예조참판을 역임했다. 그는 특히 시문을 잘 지었는데, 조선 전기의 문장가인 서거정(1420~1488)이 1451년에 공주를 여행하고 남긴 시 〈공주 십경〉에 이어 〈공산 십경〉 시를 지었다. 신유가 꼽은 공주의 십경은 동월명대(동대의 밝은 달), 서월명대(서대의 기우는 달), 정지사, 주미사, 영은사, 봉황산, 공북루, 안무정, 금강나루, 고마나루 등 10곳이다. 공주에 부임하기 전인 1643년 통신사의 종사관으로 일본에 다녀왔는데 그가 기록한 《해사록》은 2017년 유네스코 세계기록유산에 등재되었다. 공주 이인면 달산리에 그의 묘가 있다.

8. 충청감사 연임한 청백리 강백년
- 1653년(효종 4) 부임

강백년(1603~1681)은 1653년에 충청감사로 부임해 행정을 잘 펼친 것으로 알려진다. 정조 때 펴낸 《국조인물고》에 그가 "충청감사에 제수되어 대동법을 처음으로 시행했는데, 법에 맞도록 베풀고 백성들의 편의에 힘썼으므로 호서 지방에서 지금까지도 칭송하고 있다. 조정에

171

서 그의 임기가 찼음에도 그대로 유임시켰다."라고 기록된 것이다. 그는 1654년에는 계룡산 갑사를 다시 짓는 데도 많은 도움을 주었다. 강백년은 일찍이 부친의 뇌물수수 사건을 겪었는데, 이를 교훈으로 삼아 신변을 깨끗이 하고 재물을 탐하지 않는 삶을 살았다. 사후인 1695년에는 관직 수행 능력이 뛰어나 백성들의 신망을 얻고 청렴·근검·도덕·경효·인의 등 덕목을 두루 겸비한 이에게 주는 청백리에 선정되었다. 공주 의당면 도신리에 그의 묘소와 사당이 있다.

강백년의 묘소 © 오재철

9. 과감한 민생개혁 펼친 관찰사 송상기
- 1699년(숙종 25), 1707년(숙종 33) 부임

송상기는 회덕(현 대전시 대덕구)에서 태어나 송준길·송시열에게 배웠다. 부친 송규렴은 도승지, 대사헌, 예조판서 직을 맡았던 중앙정계의 실력자였다. 송상기(1657~1723)는 충주목사를 거쳐 1699년 겨울, 충청감사에 임명되어 공주에 부임했다. 충청도관찰사로서 그는 휘하의 고을 수령들 중에서 불법을 저지르거나 민폐를 끼친 공주목사, 청주목사, 충청수사, 연기현감을 교체하도록 건의해 실현시켰다. 또한 충청도에 흉년·기근에 전염병까지 돌자 대동세의 납부방식을 바꿔 무명(목화)을 동전으로 대납하게 했다. 1707년에 숙종이 그를 충청감사에 재임명할 정도로 역량을 인정받았다. 마곡사를 둘러보고 쓴《유마곡사기》를 남겼다.

10. 공주목사 역임 후 탄천에 입향한 정무
- 1699년(숙종 25) 부임

공주 탄천면 국동리 일대는 연일 정씨의 오랜 집성촌으로 1699년에 공주목사를 지낸 정무(1641~1705)가 처음 터를 잡았다. 재임 중에 충청도의 수사찰인 마곡사에 면세와 함께 토지를 제공하도록 혜택을 주었다. 그는 이때 국동리 국사봉의 풍수를 살펴보고 이곳에 정착하기로 정했다고 한다. 그의 아들 정하언은《속대전》편찬에 참여했으며 대사

간까지 지냈다. 특히 문장과 글씨에 뛰어나 임금이 내리는 각종 공문과 창경궁의 정문인 홍화문의 편액을 썼다. 1765년에 그가 쓴 '쌍수성 공북루 중수기' 현판도 공산성 공북루에 남아 있다.

정무의 묘소 ⓒ 오재철

11. 《택리지》쓴 이중환의 부친, 관찰사 이진휴
- 1701년(숙종 27) 부임

1701년에 충청감사로 공주에 부임한 이진휴(1657~1710)는 글씨에 뛰어나 양산 통도사 사리탑비, 순천 선암사 중수비 등 많은 비문을 남겼다. 그의 부친 이영은 예산 현감과 이조 참판을 지냈는데, 세종시 금남면 고정리에 묘소가 있다.

《택리지》를 지은 이중환(1690~1756)이 바로 이진휴의 아들이다. 이 책은 지리와 산수·토질 같은 자연환경 요소와 수운·도로·인심 등을 두루 고려한 인문 지리서의 백미로 평가받고 있다. 이중환은 1722년에 목호룡의 고변사건에 연루되어 수차례 국문을 당하고 벼슬에서 추방

사송정

되어 38세 이후 전국을 유랑하면서 책을 썼다. 이중환은《택리지》에서 "금강을 임해, 사송, 금벽, 독락 등 4곳의 정자가 있는데, 그중 사송정은 우리 집의 것이다."라고 기록했다. 사송정은 형조·이조 판서를 역임한 그의 5대조 이상의가 공주 월송동에 세운 정자다. 이중환은 1727년부터 1751년까지 사송정에서 자주 머무르며《택리지》를 집필했던 것으로 추정된다. 삼남대로의 일부이자 주요한 금강 뱃길의 하나인 장깃대나루가 멀지 않고 풍광이 뛰어난 곳이다. 무너진 사송정을 이진휴가 고쳐지었다는 기록도 보이는데, 공주 금강변의 8대 누정에 꼽혔다.

12. 노·소론 분당의 주역 한태동의 아들, 관찰사 한지
– 1718년(숙종 44) 부임

한지(1675~미상)는 한태동(1646~1687)의 아들이다. 한태동은 사헌부 집의로 있던 1682년, 같은 서인계인 김석주·김익훈 등이 남인을 공격하려고 역모설까지 조작하자 이를 강력히 비판했는데, 그가 오히려 파직되었다. 노성(논산)에 있던 명재 윤증 또한 임금의 부름을 받고 상경하다가 서로 증오하고 배척하는 현실정치를 바로잡을 길이 없다고 판단해 중도에 내려오고 말았다. 이를 계기로 백 년 이상 단일하게 유지돼온 서인은 노론과 소론으로 분당되었다. 한지는 1718년 충청도 관찰사를 역임한 후 전라도관찰사, 의주부윤을 마치고 외가(연일 정씨)인 공주에 정착했는데, 청렴결백한 성품으로 평생 청빈하게 살았다고 한다. 한태동은 자신의 딸을 소론에 속한 오도일의 아들 오수원과 혼인시켰는데, 홍문관 교리를 역임한 오수원은 해주 오씨의 공주 입향조가 되었다.

충청감영과 충청도관찰사 관련 유적 및 유물

- 공산성 / 유네스코 세계유산, 사적 제12호 / 공주시 금성동, 산성동
- 선화당 / 충청남도 유형문화재 제92호 / 웅진동 3-1
- 포정사 문루 / 충청남도 유형문화재 제93호 / 웅진동 332-9
- 동헌(혜의당) / 공주시 향토문화유적 유형문화재 제1호 / 중학동 330-3/321-1
- 명국삼장비 / 충청남도 유형문화재 제36호 / 공산성 내
- 제민천 영세비 / 공주시 향토문화유적 기념물 제20호 / 공산성 금서루 앞
- 충청감영·충남도청 터 / 중학동(현 공주사대부고)
- 우진영 터 / 중학동(현 충남역사박물관 건너편)
- 공산성 공북루 / 충청남도 유형문화재 제37호
- 공산성 진남문 / 충청남도 문화재자료 제48호
- 공산성 쌍수정 / 충청남도 문화재자료 제49호

계룡산 도공 이삼평,
아리타의 도조로 빛나다

철화분청이 태어난 학봉리 가마

공주시 반포면 학봉리·온천리·하신리 등 계룡산 동쪽 산기슭 일대에는 고려 말에서 조선시대에 이르기까지 도자기를 제작하던 가마터가 산재해 있다. 이곳은 전남 강진과 전북 부안, 경남 김해, 경기도 광주 등과 함께 우리나라의 중요한 가마터군을 이룬다.

고려청자는 본래 강진·부안의 관요에서 만들어졌는데, 훗날 지역별로 민영화·대중화한 상감청자가 바로 분청사기다. 계룡산 가마에서는 산화철로 그림을 그린 철화분청사기가 만들어졌다. 다른 곳의 작품에서 볼 수 없는 독특한 멋이 있어 일본 다도계에서는 '케류잔(계룡산)'이라고 부르며 높이 평가했다. 일제 강점기였던 1927

년 조선총독부가 한반도에서 유일하게 발굴조사한 가마터가 반포면 학봉리였던 것도 그런 까닭이다.

등장 시기로 볼 때 분청사기는 고려청자와 조선백자의 사이에 있다. 대략 15세기에서 16세기인데, 분청사기의 최고품은 학봉리에서 만들어진 철화분청사기다. 학봉리 가마는 그릇을 만들어 국가에 세금으로 바쳤던 공납요다. 이곳에서 수습된 사기 조각에 예빈시·내자시·내섬시 등 관청 이름이 표기되어 있어 왕실과 사신 접대용으로 만든 것으로 추정한다. 계룡산 분청사기 중 특히 인화 귀얄문 대접·완·접시 등은 일본에서 '미시마', '하케메'라는 명품 찻사발로 애용되었다.

'계룡산 분청'으로 통칭하는 학봉리 철화분청사기는 전면을 귀얄(넓고 굵은 붓)로 백토 분장하고 짙은 철사 안료로 그림을 그렸다. 생동감 넘치는 물고기, 활달한 느낌의 모란 덩굴무늬, 자유분방한 풀잎 모양 등 사물의 모양을 대담하게 생략하고 간결하게 재구성해 새겨 넣었다. 계룡산 일대 자연의 느낌이나 소박한 충청도의 토속 분위기, 이를테면 귀족이 아닌 서민의 감성을 담은 것이다.

2014년 충남의 천주교 순교성지를 방문한 프란치스코 교황에게 증정된 어문병이 바로 계룡산 분청을 재현한 것이다. 여기에 새긴 물고기는 '쾰어'라고 하는 쏘가리의 한 종류로, 공주에서는 흔히 '누치'라고 부른다.

계룡산 도공 이삼평, 아리타의 도조로 빛나다

일본 아리타 도자기의 시조가 되다

이삼평(李參平, 1579~1655)은 계룡산 사기장 출신으로 일본 아리타 자기의 시조가 된 도공이다. 이삼평은 정유재란 당시 계룡산 부근에서 나베시마 나오시게의 일본군에 사로잡혔다.

임진왜란이 시작된 임진년(1592)에 전쟁의 불길을 피했던 공주는 정유년(1597)에 일본군에 함락되고 말았다. 《선조실록》의 선조 30년(1597) 9월 6일과 20일의 기록으로 일본군이 공주에 나타나거나 주둔했음을 알 수 있다. 공주 지방은 9월 초부터 20일까지 왜군이 휩쓸어 계룡산 갑사, 공암 충현서원, 월송동 명탄서원 등이 이때 불태워졌다. 마곡사와 공주 시내의 정지사·남산사 등도 왜란 때 병화를 입은 것으로 추정된다.

이때 이삼평을 비롯한 계룡산의 도공들이 죄다 일본에 끌려가 16세기에 대표적인 도자 생산지이던 계룡산은 17세기 이후에는 전통이 끊어지다시피 되었다. 이삼평은 일본에서 이름을 '금강(金ヶ江)'이라고 짓고, 자신의 행적기에 '금강도 출신'이라고 하였으며, 왜군이 정유년 재침 때 공주 일대를 휩쓸고 간 사실 등으로 미루어 볼 때 그가 공주 출신이라고 추정하는 설이 유력하다.

도자 전문가들은 이삼평이 계룡산 도공이었다는 근거로 몇 가지를 덧붙인다. 아리타 덴구다니 가마가 공주 학봉리 가마와 형태가

일제강점기 학봉리 발굴조사

유사하고, 거기서 나온 도자기 조각이 계룡산의 그것과 닮았다는 점, 이삼평의 초기 활동지인 다쿠에서 발견된 도자기 조각 또한 계룡산 특유의 철화분청 기법과 유사하다는 점이다. 이러한 점들 때문에 이삼평은 공주 출신이라고 밝혀졌고, 1990년 10월 (사)한국도자기문화진흥협회와 일본 측의 '일본 도조 이삼평공 기념비 건설위원회'가 함께 공주 동학사 삼거리 박정자 조각공원에 '일본 자기시조 이삼평 공 기념비'를 세우게 되었다.

조선 도공을 우대한 나베시마

이삼평에 관한 가장 오래된 기록은 그가 세상을 떠나기 2년 전인 1653년경 자신이 다쿠 가문에 올린 것이다. 이에 따르면, 그는 정유재란 당시 사가번주 나베시마 나오시게에게 끌려가 그의 가신인 다쿠 야스토시 밑에서 도자기를 만들며 18년간 지냈다. 그의 하녀와 결혼하고 정착한 이삼평은 '가나가에 산베이'라는 일본 이름을 얻게 되는데, '가나가에'는 출신지 공주의 금강에서 한자를 바꾼 것이고, '산베이'는 '삼평'이라는 조선 이름의 발음을 따라 지은 것이라고 한다.

이삼평은 양질의 흙을 찾아 돌아다녔다. 마침내 1616년, 아리타 동쪽 이즈미야마에서 양질의 자석광(백토광)을 발견하고 일본 최초의 백자를 생산하는 데 성공했다. 이것이 오늘날 이삼평이 일본 도자기의 시조로 추앙받는 이유다.

그는 첫 자기 생산 이후 적극적인 지원을 받았다. 아리타에서는 김해에서 끌려온 여성 사기장 백파선(1560~1656)도 활동했다. 이삼평과 백파선은 40년 가까이 함께 활동했고, 1655년 이삼평이, 이듬해에는 백파선이 세상을 떠났다.

수출항이었던 이마리의 비요에는 조선 자기장들의 넋을 기리는 도공무연탑이 서 있다. 이삼평과 백파선이 이끌었던 수백 명의 도공들의 혼이 여기에 있다. 조선 사회에서 도공은 천민이었고 각종 잡역도 해야 했지만, 일본에 끌려간 그들은 상대적으로 안정적인 환경에서 공예품 생산에 몰두해 일본의 문화 발전과 국력 배양에 바탕이 되었다.

이삼평을 대은인으로 기리는 아리타

일본 규슈 지역에 있는 아리타는 사가현립 자연공원의 남쪽 산자락에 자리해 있다. 크기는 우리나라의 읍 단위 정도로 2만 명 정도가 산다. 이곳의 유서 깊은 도산 신사에서는 이삼평을 배향하고 있다. 1658년에 처음 세운 신사로 이삼평이 가마를 연 지 300주년이

일본 자기 시조 이삼평공 기념비

되던 1917년 사가번의 초대 번주인 나베시마 나오시게와 이삼평을 합사했다고 한다. 신사의 위쪽 '도조의 언덕'에 있는 '도조 이삼평 비'도 이때 세워져 이삼평을 아리타의 도조로서 기리고 있다.

이 비에는 "이삼평 공은 우리 아리타 도자기의 시조일 뿐만 아니라 일본 요업계의 대은인"이라고 썼고, "오늘날에도 도자기 업종에 종사하는 모든 사람은 이 선인이 남긴 은혜에 진심으로 감사하며 그 공적을 높이 받들어 존경하고 있다."라고 밝히고 있다.

이삼평이 가업으로 물려준 가마는 5대에서 끊어지고 그 후 후손들은 도자업을 잇지 않았다. 그러다 근래에 와서 13대 후손이 열차 기관사로 정년을 마치고 가마를 열어, 지금은 14대 후손이 아리타의 후다노쓰지 삼거리 부근에 '도조 이삼평 가마'를 운영하고 있다.

아리타에서는 매년 4월 말부터 5월 초까지 도자기 시장이 열리고, 5월 4일에는 도조제를 지낸다. 2016년은 이삼평이 백자를 만들어낸 1616년으로부터 400년을 맞는 해여서 일본의 요업계는 대대적인 400주년 기념제를 열기도 했다. 공주 계룡산의 학봉리 사적지 부근에도 '이삼평 도자예술단지' 건립의 꿈이 자라고 있다.

이삼평 관련 유적 및 유물

• 공주 학봉리 요지 / 사적 제333호 / 공주시 반포면 학봉리 산 22-1
• 일본 자기 시조 이삼평 공 기념비 / 공주시 반포면 온천리

계룡산 도공 이삼평, 아리타의 도조로 빛나다

인조의 공주 파천

-

인조는 왜 공주로 파천했을까

인조 2년인 1624년 1월 21일이었다. 부원수 겸 평안도 병마절도사 이
괄(1587~1624)이 평안도 영변에서 난을 일으켰다. 인조가 쿠데타(인조
반정)로 왕위에 오른 지 불과 9개월 만이었다. 이괄은 평안도의 토병과
전라도 등지에서 징집한 1만 2천여 명의 대군을 거느리고 있었다.

반란군이 파죽지세로 임진강을 건너 한양을 향해 달려오자 인조는
파천(왕이 도성을 버리고 피난을 떠남)을 서둘렀다. 피난지를 정할 때 홍문
관 부제학 정경세는 "영남의 충의로운 선비가 난세를 회복할 수 있을
것"이라 했고, 대제학 김류는 "무예를 숭상하는 호남의 풍속이 난세를
극복할 수 있다"고 주장했다.

〈인조실록〉 1624년 2월 7일 기록을 보면, 이때 대사간 장유가 나서

공주의 인물을 만나다

공산성 명국삼장비 ⓒ 오재철

서 "공주산성은 앞에 큰 강이 펼쳐져 있어 형세가 매우 좋고 길도 멀지 않으니, 급히 들어가 있으면서 형세를 보아 진퇴하는 것이 좋겠다."라고 주장했다. 충청도관찰사를 지낸 정엽도 같은 의견을 냈다. 공주는 임진왜란을 거치면서 전략적 요충지로 자리매김했는가 하면 20여 년 전인 1603년부터 충청감영이 상주하도록 한 곳이었다. 임진왜란 때는 원군으로 온 명나라 군대가 이미 공산성에 주둔했던 적도 있었다. 공산성 임류각 앞에 있는 명국삼장비가 바로 1598년 정유재란 때 파병되어왔던 명나라 장수 이공, 임제, 임방위를 기린 송덕비들이다.

인조를 비롯한 왕실 인사들과 중신들은 공주를 향해 서둘러 피난길에 나섰다. 조선왕조에서 국왕이 전란으로 도성을 비운 것은 선조에 이어 두 번째였다. 이번에는 외적이 아니라 내부의 적 때문이었다. 2월 8일 밤 궁궐을 떠난 인조 일행은 양재역-과천-수원-직산-천안을 거쳐 6일 만인 13일에 공주에 이르렀다.

피난길의 인조는 식사도 제대로 챙겨 먹지 못하고 왕의 체통도 지킬 수 없었다. 어가 행렬을 대하는 백성들의 반응도 차가웠다. 하지만 갑작스레 임금이 온다는 소식을 접한 공주의 유생 1백여 명은 고마나루에 나와 왕을 맞이하고, 각지의 군사들은 왕을 호위하기 위해 공주로 속속 모여들었다.

자신이 만든 정권에 칼끝 겨눈 이괄

난을 일으킨 이괄은 손꼽히는 무관이면서도 문장에도 능했다. 태안군수·경성판관·제주목사 등 경향의 관직을 두루 역임한 그는 조선 사회의 보기 드문 장수감으로 각광받고 있었다. 더욱이 그는 함경도 병마절도사였던 1623년 3월, 평산부사 이귀와 함께 인조반정을 무력으로 뒷받침해 성공시킨 공신이었다.

광해군 15년, 능양군 이종과 서인 세력이 당시 임금이었던 광해군과 대북파를 무력으로 몰아낸 것이 '인조반정'이다. 1506년 연산군을 몰아낸 '중종반정'과 함께 조선시대 2대 반정(쿠데타)이다.

그렇다면 이괄은 왜 1년도 안 돼서 자신이 창출한 정권을 향해 칼

끝을 겨눈 것일까? 사실상 반정의 일등공신임에도 불구하고 제대로 대우받지 못한 불만 때문이었다는 것이 일반적인 분석이다. 군부의 실력자인 이괄을 경계한 반정 핵심세력들이 그를 '정사공신 2등'으로 홀대했다.

하지만 홀대받았다는 것만으로 목숨을 건 군사 반란을 일으킬 수 있었을까? 그래서 제기되는 또 하나의 분석은 자기를 제거하려는 인조 측근 실세들에 맞서 자기방어 차원에서 군사를 일으켰다는 것이다. 반정 성공에 결정적인 공을 세운 이괄이 2등으로 낮게 기록되고, 평안도로 임지만 바뀌어 병마절도사 겸 부원수로 수평이동 발령이 났던 터였다. 반면 병조판서 자리는 김류에게 돌아갔다. 그는 반정 당일, 형세를 관망하다가 뒤늦게 나타남으로써 이괄에게 핀잔을 들었던 인물이었다.

이괄은 가뜩이나 불만이 가득했는데, 그의 아들 이전이 역모를 꾀했다면서 한양에서 금부도사가 체포하러 내려왔다. 이에 이괄은 금부도사와 일행을 죽이고 병력을 동원해 한양으로 진격하기 시작했다. 그에게 딸린 1만 대군은 북쪽의 후금을 방비하기 위한 조선의 정예군이었다.

이괄의 군대가 2월 1일 황주에 이르렀을 때 진압군이 막아섰다. 하지만 130여 명의 항왜(임진왜란 당시 항복한 일본 병사)들이 살벌하게 칼을 휘두르며 돌격하자 진압군은 금세 흩어지고 말았다.

인조의 공주 파천

1일 천하로 끝난 반란군의 도성 접수

이괄의 군대를 진압해야 하는 도원수 장만은 반군을 뒤쫓아 달렸다. 이괄은 자신의 상관인 장만을 공격하지 않고 비켜 지나쳐 한양 도성을 차지했다. 안현(인왕산에서 무악재로 넘어가는 고개)에 도착한 진압군은 평상시를 나타내는 봉화를 올리도록 속임수를 쓰고 높은 곳에 진을 쳤다. 지형상 도성을 내려다보는 안현을 활용하기 위한 것이었다.

이튿날 도성에서 눈을 뜬 이괄은 진압군이 안현을 접수한 사실을 알았다. 그러나 그는 승승장구해온 전투력을 믿고 먼저 공세를 취했다. 아침부터 양측의 격전이 벌어졌다. 도성의 백성들은 양쪽의 산에 올라가 싸움을 지켜보았다.

하지만 싸움은 밑에서 위로 공격하는 이괄의 군사들에게 불리했다. 바람의 방향마저 바뀌어 반군 쪽을 향해 서북풍이 불었다. 승기를 잡은 진압군은 반군 4백여 명을 베고 수백 명을 생포했다. 싸움을 지켜보던 백성들은 도성의 돈의문과 서소문을 안에서 걸어 잠가 반군이 도성에 다시 들어오는 것을 막았다. 퇴로가 막힌 이괄의 군은 광주까지 달아났다. 다음날 추격해온 진압군과 다시 전투가 벌어졌으나 기세가 꺾인 반란군은 속수무책으로 무너졌다. 그러자 반군 중 기익헌 등이 이괄·한명련 등 지휘부 9명을 살해하고 항복했다. 이괄이 군사를 일으킨 지 20일 만이었다.

공산성에서 승전보를 듣다

인조는 한양 출발 엿새 만인 2월 13일 공주에 도착해 공산성 안에 머물렀다. 당시 충청감영은 성안에 있다가 좁고 불편하다며 제민천변으로 다시 옮긴 후였다. 공산성 안의 감영 건물을 행재소로 사용하며 인조는 6일간 머물렀다. 공산성 안 시설들은 마치 예견이라도 한 것처럼 공주목사 송흥주가 1년 전에 대대적인 중수를 마친 터였다.

인조가 공주에 온 지 하루 만에 이괄이 죽고 반란이 진압되었다는 소식이 전해졌다. 마음을 놓은 인조는 신하들과 함께 공산성의 형세를 둘러보았다. 당시 공산성 안 높은 곳에는 두 그루 나무가 있었는데, 이 주변을 서성이며 금강 북쪽을 바라보던 인조는 '쌍수'에 금을 두른 허리띠와 정3품 통정대부의 품계를 내렸다. 그 후로 공산성 내 감영은 '쌍수영'이라고 불렸고 공산성도 '쌍수산성'으로 불리게 되었다. 영조 10년이던 1734년에 쌍수가 수명을 다하고 죽자, 당시 관찰사 이수항이 왕의 유지를 기념하기 위해 그 자리에 쌍수정을 건립했다고 한다.

인조는 어려웠던 피난 기간에 자신을 도와준 지역민들에게 특별한 혜택을 베풀었다. 2월 16일, 충청·전라도에 지역을 한정해 과거를 개최한 것이 대표적이다. 인조는 공산성에서 문과와 무과 시험을 친히 치러 홍습(홍익한) 등 5인에게 급제를 내렸다. 그런데 이중에 공주 사람이 들지 못하자 6위 점수를 받은 공주 사람 강윤형을 특별히 입격시켰다. 강윤형은 숙종 대에 승지 벼슬까지 올랐다.

인조의 공주 파천

공산성 쌍수정 ⓒ 오재철

　2월 17일, 왕의 갑작스러운 행차로 수고한 지방관들에게 포상을 내리고 왕이 지나온 경로상의 백성들에게는 3년간 당시 내던 세금에서 대동미 1두씩을 감해주었고, 특별히 공주 사람들에게는 2두씩을 감해주었다.

'조왕동' '인절미' '도루메기'의 전설

이괄의 난 당시 인조의 공주 피난 행차는 광정창-석송리-오인리-목천리-신웅리를 거쳐 고마나루에 이르렀는데, 곳곳에 많은 이야깃거리를 남겼다.

공주의 만경 노씨 노숙은 임진왜란 때 조헌 휘하에서 의병 활동을 한 노응환의 넷째 아들로서, 공산성에 인조가 머물 때 군량미 300석을 헌납했다. 인조는 노숙에게 정헌대부 지중추부사 겸 오위도총부 도총관의 직위를 내리고, 마을 이름도 임금을 도운 고을이라 하여 '조왕동'이라고 붙여주었다.

지금의 공주시 정안면 석송리 길가에는 석송정이 있다. 인조가 공주로 향할 때 잠시 쉬어간 것을 기념한 정자다. 천안에서 차령을 넘으면 광정역과 일신역의 중간지점이다. 인조는 당시 귀경길에도 이곳에 들러 '석송동천'이라는 글을 남겼다.

석송리를 지나 우성 목천리에 당도해서는 수레를 끄느라 지친 말과 소에게 물을 먹이고 쉬게 했다. 이 작은 저수지의 이름은 '소물', 즉 우정(牛井)이 되고 일대는 우정면이 되었으며, 나중에 성두면과 합쳐져 오늘날의 우성면이 되었다.

음식과 관련된 설화도 전해온다. 그중 대표적인 것이 인절미의 유래에 관한 것이다. 인조가 공주에 머물 때 수라상에 처음 먹어보는 찰떡이 올라와 있어 그 이름을 물었더니 이름은 모르고 다만 임씨가 바친

쌍수정 사적비 ⓒ 오재철

것이라고 했다. 인조는 그 맛에 반해 "절미로구나!"라고 감탄을 했고 이로 인해 '임절미'라는 이름이 붙었다. 오늘날 우리가 자주 먹는 인절미는 바로 공주의 '임씨가 만든 맛있는 떡'이라는 뜻에서 유래됐다.

충청도의 독보적인 진상품 중 하나였던 '도루메기'의 전설도 있다.

금강에서 잡은 메기를 요리해 올렸더니 임금이 맛있게 들고 고기의 이름을 '은어'라고 고쳐 지어주었다. 한양으로 돌아간 왕이 공주에서 먹었던 은어를 올리게 해서 먹어봤더니 예전의 그 맛이 아니었다. 그래서 "도로 메기라고 해라." 해서 '도루메기(도루묵)'가 되었다는 이야기다. '말짱 도루묵'이라는 말도 여기서 파생되었다고 한다.

인조의 파천 관련 유적 및 유물

- 소물(우정) / 공주시 향토문화유적 기념물 제23호 / 공주시 우성면 목천리 656
- 석송정 / 공주시 향토문화유적 유형문화재 제5호 / 공주시 정안면 석송리 205-3
- 고마나루 / 명승 제21호 / 공주시 웅진동 440
- 쌍수정 사적비 / 충청남도 유형문화재 제35호 /공주시 금성동 14-4 공산성 내
- 공산성 쌍수정 / 충청남도 문화재자료 제49호 / 공주시 금성동, 산성동 일대

'충청 5현'으로 꼽힌
산림 유학자 이유태

공주에서 후학 양성한 개혁사상가

이유태(李惟泰, 1607~1684)는 조선 후기의 대유학자다. 특히 그는 그 시대에 중요하게 다루어야 할 일에 밝았던 정치개혁 사상가였다. 본관은 경주, 호는 '초려'로 1607년 아버지 이서와 어머니 청풍 김씨 사이의 5형제 중 셋째 아들로 태어났다.

그의 집안은 대대로 한양에서 살다가 임진왜란 직후에 금산으로 이사했다. 이유태는 어린 시절을 이곳에서 보내고, 청년기에는 공부를 위해서 진잠(현 대전 유성구)과 연산에서 상당 기간을 지냈다. 장년기에는 금산과 진산, 그리고 공주의 초외(현 대전 유성구 도룡동)로 이사해 십여 년간 살았다.

그는 15세 때 부친의 유언에 따라 진잠의 처사 민재문에게 학문을 익혔다. 민재문은 서기의 제자인데 서기는 이지함 등에게서 공부해 서경덕의 기철학의 맥을 이은 인물로 약 17년 동안 공주 공암에서 후학을 가르쳤다. 송준길의 아버지이자 송시열의 스승인 송이창도 서기의 제자였다. 이유태는 스승 민재문을 통해 서기의 학문 줄기를 이어받았다.

　　이유태는 민재문에게 3년간 배우고 18세부터 율곡 이이의 정통 혈통에서 이어받은 사계 김장생의 문하에서 수학했다. 당시 김장생은 계축옥사에 연루돼 철원부사 직에서 파직되고 고향 연산으로 돌아와 학문 탐구에 몰두하고 있었다. 계축옥사는 광해군 5년, 박응서·서양갑 등 명문가의 서자 7인이 역모를 꾀한 혐의로 처형되었는데, 김제남과 영창대군이 이에 관련되었다고 해서 모두 죽임을 당하고 영창대군의 모친 인목대비가 서궁(지금의 덕수궁)에 유폐된 사건이다.

　　이 사건으로 인해 대북이 정권을 장악하고 서인과 남인 세력은 대부분 몰락했다. 김장생의 이복동생 둘도 고문 끝에 죽고 김장생도 문초를 받았으나 다행히 결백함이 밝혀져 형벌을 면했다.

'충청 5현'으로 꼽힌 산림 유학자 이유태

충청5현 길러낸 김장생, 김집

김장생의 문하에는 후대의 큰 인재들이 모여들었다. 송준길·송시열·이유태·유계·윤선거 등 이른바 '충청 5현'이 그 대표적 인물이었다. 1623년의 인조반정은 김장생의 문하인 김류·신경진·최명길·구굉·구인후·이시백·장유·이후원 등 서인 세력이 힘을 모아 이뤄낸 것이었다. 김장생은 반정 후 다시 벼슬길에 나갔으나 관직에 오래 머물지 않고 향리로 돌아와 학문 탐구를 이어갔다.

이유태는 특히 동년배인 송준길·송시열과 각별한 관계를 맺었다. 세 사람은 도의로써 사귀고 성현이 되기로 약속했다. 이들은 "만일 셋 가운데 하나가 죄를 범하면 마땅히 법적인 처벌을 모두 함께 받기로 하자."라고 맹세하고 서약했다. 살아서는 뜻을 같이하고 죽어서는 후세에 전해짐을 같이 할 것을 약속한 이들은 기호학파에 지대한 영향을 끼치게 되었다.

이유태는 스승 김장생이 세상을 떠나자 스승의 정통을 그대로 이어받은 김집을 다음 스승으로 모시며 송준길·송시열·윤선거 등과 함께 성리학과 예학 공부에 정진했다.

기호학파는 영남학파와 구별되는 말로, 율곡 이이(1536~1584)의 학문을 따라 김장생, 김집, 송시열 등으로 이어지며 조선 후기 300년간 조선의 학계와 정계를 주도했다. 충청5현은 학문적으로는 예학을 발전시키고 효종을 도와 북벌에 나서고 사회개혁을 주장한 기호학파의 주역들이다.

1634년, 이유태는 학문과 덕행을 인정받아 희릉 참봉, 건원릉 참봉으로 추천되기도 했다. 이후 병자호란 직후까지 대군사부, 내시교관, 시강원 자의 등의 벼슬을 연이어 받았으나 관직을 이어가지 않고 덕유산으로 들어갔다. 그는 '선비가 가히 출사할 의리가 없어졌음'을 내세워 모든 벼슬을 사양했다고 한다. 병자호란 때 인조가 청나라에 굴욕적으로 항복한 것을 가리킨 이 말은 관직에 대한 그의 철학을 잘 보여주고 있다.

이유태는 성현들의 가르침을 집약한 유학 초심자를 위한 수양입문서인 《소학》을 중시한 사림의 전통을 이어 일상의 윤리를 중시하고 '이(利)'보다 '의(義)'를 취하는 마음으로 공부해야 한다고 강조했다. 또한, 선비는 과거시험보다도 도학에 뜻을 두어야 하지만, 진실로 학문에 뜻을 두고 도학에 게으르지 않다면 과거 공부가 해로운 것은 아니라고 했다.

효종과 북벌을 추진하다

1649년, 인조가 죽고 봉림대군 이호가 왕위에 오르니 곧 효종(재위

1649~1659)이다. 효종은 즉위 초에 김집·송시열·송준길·이유태·권시 등 산림(정통 관료가 아닌 학문적 권위와 세력을 바탕으로 등용된 인물들)이 조정에 들어오도록 했다. 그들을 등용해 청나라와 밀접한 세력을 누르고 북벌을 추진하려 했다. 북벌이란 존명벌청, 즉 명을 받들고 청을 정벌한다는 뜻이다.

이유태는 당초 출사하지 않겠다고 고집했지만, 효종의 북벌 의지에 기대를 걸고 다시 벼슬길에 나아가 공조좌랑을 맡았다. 그때 그의 나이 43세였다. 그러자 산림의 대거 진출에 집권 세력이 반발해 산림의 수장인 김상헌을 공격했다. 김집·송시열 등이 적극적으로 옹호했지만 점점 산림이 몰리자 이유태는 상소를 올려 반대파의 비리를 강력하게 거론했다. 대사간 김경여, 집의 송준길 등도 이에 적극적으로 동조해 마침내 반대 세력인 이조판서 심락, 대사헌 이지항 등을 물러나게 했다.

그러나 이때 김자점 일파가 "효종이 산림을 등용해 북벌을 시도한다."라며 송시열이 장릉(인조의 능)의 묘지문에 명나라 연호를 쓴 것을 청에 밀고했다. 결국 청의 군사가 조선의 변경까지 진주해 조선을 위협하기에 이르렀다. 이로 인해 산림이 큰 위기에 몰리게 되자 효종이 적극적으로 대처해 겨우 무마시켰다. 하지만 사건이 이렇게 복잡한 결과를 초래하게 되자 이유태는 과거 응시 자격이 정지되어 7년이 지난 뒤에야 풀려나게 되었다.

이때 이유태는 공주의 초외에서 학문에 전념하게 되는데 송준길·송시열이 그와 함께 살아 후세 사람들이 이곳을 '삼현대'라 불렀다.

'기해봉사' 통해 국정개혁 주장하다

1659년(효종 10), 이유태는 송시열·송준길·유계·허적 등과 함께 조정의 부름을 받았다. 하지만 그는 며칠 만에 다시 낙향해 2만여 자에 달하는《기해봉사》를 작성해 올렸다.

《기해봉사》는 국정 전반에 걸친 개혁안, 특히 효종의 북벌을 실현할 구체적 방안을 담고 있었다. 하지만 그가 이 글을 쓰고 있을 때 효종이 갑자기 사망함에 따라 현종 즉위 후에야 글이 제출될 수 있었는데 조정에서 이 문서를 채택할지에 대한 논쟁이 수년간 계속되었다.

이유태는 1663년(현종 4) 57세에 공주의 중동(왕촌)으로 이주했다. 이후 이조참의, 대사헌 등이 제수되었으나 출사하지 않았다. 이무렵 그는 17세기 후반의 예송 사태에 깊이 관여하게 된다. 이른바 '1차 예송'은 효종이 죽은 후 그의 계모 자의대비가 입을 상복의 문제였다. 자의대비가 효종의 상복을 장남에 대한 예로서 입느냐, 차

'충청 5현'으로 꼽힌 산림 유학자 이유태

남에 대한 예로서 입느냐를 놓고 논쟁이 발생한 것이다.

　서인계는 "효종은 장자가 아니고, 더구나 대비는 이미 소현세자를 위해 3년복을 입었으므로 그 복제는 기년복으로 해야 한다."라고 했다. 남인계는 "효종이 왕위를 계승한 이상 당연히 적통 장자로 인정되어야 하므로 3년복을 입어야 한다."라고 주장했다. 이때 이유태는 양송(송준길·송시열)과 함께 상복을 1년간 입어야 한다는 논리인 기년설을 전개해, 첫 번째 예송 논쟁에서 '승리'했다.

　상복을 놓고 불거진 이 문제는 조선사회의 명분론적 가치관의 대립에서 비롯된 것이었다. 서인은 1623년 인조반정으로 집권했는데, 그 명분은 광해군의 패륜과 대명외교에서 대의를 상실한 것을 바로잡겠다는 것이었다. 그러나 그 후에 벌어진, 독살로 의심되던 소현세자의 죽음, 강빈의 옥사(인조가 소현세자의 미망인 강빈과 그 집안을 도륙한 일), 그리고 인조가 왕위 계승 1순위인 세손(소현세자의 맏아들)이 있었는데도 자신의 둘째 아들인 봉림대군(효종)을 세자로 책봉한 점 등은 유교주의적 명분론에 위배되는 것이었다.

　1674년(현종 15)에 효종비 인선왕후 장씨가 죽자 제2차 예송이 일어났다. 이유태는 1차 예송 때와 같은 논거를 폈다. 즉, 조대비는 이미 효종을 차자로 인정해 기년복을 입었으니, 효종비를 위해서는 당연히 9개월 복을 입어야 한다는 것이었다. 이에 대해 남인계는 역시 1차 예송 때의 논거로써 기년복을 주장했다. 이유태는 두 번의 예송에서 벌인 논쟁을 《예변》에 논리정연하게 정리해 남겼다.

그해 현종이 죽고 숙종이 왕위에 오르면서 남인이 집권하자, 이유태를 포함한 서인계는 모두 벼슬자리에서 밀려나고 귀양을 가게 되었다. 이유태는 평안도 영변으로 유배되어 5년 반이 지난 1679년, 그의 나이 73세가 되어서야 풀려날 수 있었다. 공주로 돌아온 후 1684년(숙종 10), 78세를 일기로 생애를 마쳤다.

실질에 힘쓰는 능률주의 제창하다

이유태의 《기해봉사》는 중국의 고전과 역대의 조종성헌(왕실의 선조 때부터 내려온 법도)과 우리나라의 옛 저작 중에서 발췌한 책이다. 따라서 그는 왕에게 "왕도정치를 행하려 한다면 바라건대 읽어보시고 이것을 채택 시행하소서."라며 자신 있게 밝혔다.

그는 능력·능률주의를 장려하는 진보적인 정치개혁안들을 제시했다. 이를테면 무술이 뛰어난 천민에게 양인의 신분을 취득하게 하거나 양인 이상의 자제로서 아직 학교에 들어가지 않은 자 등을 선별해서 오위(조선 초·중기 군사조직)에 입속하고, 모든 면세전을 혁파해 균등 과세를 이루며, 대동법을 전면적으로 실시하고, 왕실·관청의 수요품을 시장의 수요공급 법칙에 따라 사서 쓰게 하자는 제

초려 이유태 유허지와 용문서원 ⓒ 오재철

초려기념관

안이다.

또한, 과거시험에서 경학(경서의 내용을 해석하는 시험)을 중시해야 하고, 무과에 강경(일종의 구술시험)이 있듯이 문과에도 활쏘기를 포함해야 한다고 설파했다.

현종은 이유태를 불러 《기해봉사》에 관해 경청하고 "가히 행하지 못할 일이 없다."라고 칭찬했다. 하지만 5~6년간 채택 논의가 있다가 유야무야되고 말았다. 무엇보다도 왕과 대신들의 개혁 의지가 박약했고 당파 갈등과 계속된 흉년으로 인한 사회불안이 그

원인이었다. 그렇지만 훗날에도 이유태가 제시한 개혁안들이 곧잘 논의에 올려진 것으로 보아, 조정에 개혁의 새 기운을 진작하는 데 기여했다고 평가할 수 있다.

공주의 중호(상왕동)에는 용문서원과 고택이 잘 복원되어 있다. 그가 1663년에 지어 학문을 탐구하던 용문서재를 재건한 용문서원은 그를 추모하는 향사의 터전이 되고 있다. 각종 유물은 후손들이 국립공주대학교 박물관에 기증해 연구, 전시되고 있다.

그의 묘소는 세종시 어진동(옛 공주 도리산)에 있는데, 2000년대 초 행정중심복합도시로 가는 도로가 지나게 되어 신도비(죽은 이의 평생 사적을 기록하여 무덤 앞에 세운 비)의 위치를 옮기고 초려기념관을 세워 2015년 9월에 개관했다.

이유태 관련 유적 및 유물

• 공주 이유태 유허지(용문서원) / 충청남도 문화재자료 제390호 / 공주시 상왕동 339-4

• 초려 이유태 유물 / 충청남도 민속자료 제5호 / 공주대학교박물관 소장 (홈페이지: https://gongju.museum.go.kr/gongju/)

• 초려 이유태 묘소, 초려역사공원 / 세종시 어진동 324-2

'충청 5현'으로 꼽힌 산림 유학자 이유태

당쟁에 희생된
남인 경세가 오시수

동복 오씨, 단지리에 자리 잡다

공주시 우성면 단지리 일대는 지금까지도 동복 오씨가 집성촌을
이루고 있는 곳이다. 처음 들어와 자리 잡은 인물은 조선 후기의 문
신 오시수(吳始壽, 1632~1681)다.

단지리는 금강의 지류인 유구천의 하류에 접해 있다. 공주 시내
에서 내포(충남의 서북부) 쪽으로 나아갈 때 첫 역참인 단평역이 있
었던 곳이다. 조선시대 공주에는 6개의 역이 있었는데, 금강 북쪽
에 광정, 일신, 단평, 유구역, 남쪽으로는 경천, 이인역이 있었다.

오시수는 효종·현종·숙종 대에 정계의 중심에서 활약했다. 특
히 숙종(재위 1674~1720) 초기 집권 세력이었던 남인의 중심인물이

었다. 그는 충청도관찰사를 지낸 오정원의 아들로 한양에서 출생했다. 25세 때인 1656년(효종 7) 별시 문과에 급제해 이후 10여 년간 왕세자의 교육을 담당한 관청인 '세자시강원'을 비롯해 사헌부·사간원·홍문관, 병조와 이조 등의 중요한 자리를 거쳤다. 32세인 1663년에 이조전랑에 올랐고, 1666년 문과 중시에 급제함으로써 당상관이 되었다.

오시수는 비교적 빠르게 고위직에 오른 편이다. 여기에는 가문의 배경도 작용했다. 그의 고모가 인조의 셋째 아들 인평대군 이요와 혼인함으로써 인평대군의 처조카가 됐다. 인조의 뒤를 이은 효종은 친동생 인평대군과 우애가 돈독했기에 동생의 처조카인 오시수를 신임해 그의 벼슬길에 탄탄대로를 열어주었다.

오시수는 승정원 도승지, 사헌부 대사헌, 육조의 참의, 판서, 의정부 우참찬, 한성부 판윤 등의 내직을 두루 역임하고, 외직인 전라도와 평안도관찰사도 거쳤다. 1674년 숙종이 즉위한 이후에도 형조·이조·호조·예조 판서를 지내고, 1679년 48세의 나이로 우의정에 올랐다.

1670년 전라도관찰사 시절 그는 기근을 해결하고자 구황책을 건의했는데, 이때 특히 폐단이 컸던 소금에 절인 돼지고기 진상 문제를 건의해 해결했다. 1676년 호조판서로 일할 때는 새로 개간한 농토는 2년간 세금을 걷지 않도록 개선해 주었다. 이런 면면을 볼

당쟁에 희생된 남인 경세가 오시수

때 오시수는 민초의 고통을 정확히 파악하고 해결하는 실행력을 갖춘 정치가였다.

그가 관직에 있던 시절은 동복 오씨 집안의 최대 번성기라고 할 정도로 많은 인물이 요직을 맡았다. 오시수는 물론 그의 숙부 오정위와 오정창은 판서를 여러 차례 역임했고, 오시수의 동생 오시대 또한 관찰사와 승지를 연이어 맡았다.

숙종의 환국정치에 희생양이 되다

1680년(숙종 7), 숙종은 그때까지 조정의 요직을 차지하고 있던 있던 남인을 일시에 제거하고 서인으로 대체하는 결단을 내린다. 이 것이 바로 '경신환국'이다. 여기에는 청나라가 '삼번의 난'을 진압한 것이 작용했다. 명나라 잔존세력이 운남·광동·복건 세 성을 근간으로 청나라에 대항했던 저항운동이 종료되자, 숙종은 이른바 북벌을 포기한다는 징표로 집권 세력을 교체한 것이다.

내부적으로는 집권세력인 남인들이 반대파 영수인 송시열 처리 문제를 두고 강경파인 청남(허목·윤휴 등)과 온건파인 탁남(허적·권대운 등)으로 나뉘어 대립하며 국정이 혼란스러웠다.

경신환국에는 두 가지 사건이 작용했다. 하나는 남인의 영수인

오시수 신도비 ⓒ 오재철

영의정 허적에게 '군주를 기만한 죄'를 씌워 실각시킨 것이다. 즉, 허적이 자기 집안 잔치를 할 때, 궁중에서 비 올 때 사용하는 기름 먹인 장막을 임금의 허락도 없이 갖다 썼다는 이유였다. 숙종은 조정의 요직에 있던 남인들을 빼내고 이제껏 밀려나 있던 서인들을 임명했다. 남인 집권 6년 만에 벌어진 일이었다.

경신환국 때 가장 억울하게 죽임을 당한 인물이 우의정 오시수였다. 그는 함경도 삼수에 유배되었다가 잡혀 와 중죄인으로 신문을 당했다. 이때 그에게 서인들이 제기한 혐의는 "1675년 현종이 서거했을 때 조문하러 온 청나라 사신들이 '현종이 생전에 강한 신하들에게 억눌렸음에 더욱 애도한다'고 말했다."라고 그가 왕(숙종)에게 허위 보고했다는 것이었다. 그는 결국 '군약신강', 즉 조선은 왕이 약하고 신하가 강하다는 것을 청나라 사신들에게 언급했다는 불충죄로 사약을 받고 말았다.

공북루를 중수한 관찰사 오정위

동복 오씨 가문에서는 충청감영이 공주에 상주하게 된 1603년 이후, 모두 4명의 충청도관찰사가 내리 3대에 걸쳐 배출되었다. 그중 첫 번째가 오시수의 조부 오단(1592~1640)이다.

오단은 1623년 알성문과에 급제해 전주부윤을 역임하고 1638년에 충청도관찰사에 오르고 곧이어 황해도관찰사에 제수되었다. 1634년(인조 12)에 그는 둘째 딸을 인조의 셋째 아들인 인평대군에게 보냄으로써 왕자의 장인이 되었다.

두 번째 충청도관찰사가 된 인물은 오단의 아들이자 오시수의 부친인 오정원(1614~1667)이다. 그는 외직 생활 중에 유독 충청도와 인연이 많아 1650년에 석성현감을 지내고 1653년에 충청좌도 추쇄어사를 거쳐 1659년에 충청도관찰사로 공주에 부임했다. 그는 1667년, 생전에 자신이 묏자리로 정해둔 단지리에 묻혔다.

세 번째는 오시수의 숙부인 오정위(1616~1692)인데, 1662년에 충청도관찰사로 부임했다. 그는 재임 중 공산성을 개축하고 공북루를 수리하였으며, 산성 내에 있던 사찰 두 곳을 보수했다고 한다.

그가 의뢰해 우암 송시열이 쓴 〈공북루 중수기문〉을 보면, "이름을 공북이라 하는데, 열 걸음도 안 되어 강에 갈 수 있다. 강북의 여러 산을 죄다 난간을 통해 볼 수 있는데 갖춤에서 시작되고 경치가 좋은 것으로 마무리된다. 오정위 관찰사가 부임했을 때 마침 흉년이 들었는데, 진휼하고 남은 것과 자질구레한 것을 거두어 누를 새롭게 했다. 그가 말하길 '예전에 나의 외할아버지 류공께서 일찍이 이 누를 세우셨다. 그때로부터 한 갑자가 돌아 불초가 와서 살피니 사사로운 정이 없을 수 없다. 하물며 인조 대왕이 한 번 임하셨던

곳이다.'"라고 기록하고
있다.

　여기에 언급된 오정위
의 외조부가 그보다 60년
전인 1602년에 부임한 류
근이다. 류근은 당시 쌍수
산성을 수축하고 공북루
와 진남루를 건립했다. 이
때 충청도관찰사가 공주
목사를 겸하는 제도가 시
작되었고 충청감영이 공
주에 상주하게 되었으니,
공주의 감영 시대를 연 초
대 관찰사가 류근이다.

오시수의 묘비

　마지막은 오시수의 동생 오시대(1634~1697)다. 1677년 이조정
랑을 거쳐 1679년(숙종 6)에 충청도관찰사를 맡았다. 그는 이듬해
경신환국으로 파직되어 길주에 유배되었지만, 1689년 장희빈이
낳은 아들 윤을 세자로 책봉하려는 과정에서 서인을 몰아내고 남
인이 재집권하게 된 사건, 즉 기사환국으로 유배에서 풀려났다. 이
후 경상도 관찰사·승지·강화유수에 이어 함경도관찰사를 수행하

던 중 1694년 갑술환국(폐비가 된 인현왕후의 복위를 반대하던 남인이 화를 입어 권력에서 물러나고 서인이 재집권한 사건)이 일어나자 공주로 낙향해서 말년을 보냈다.

오시수 관련 유적 및 유물

• 오시수 신도비와 묘비 / 공주시 향토문화유적 기념물 제18호 / 공주시 우성면 단지리 321

• 동복오씨 삼세삼위 효열 정려 / 공주시 유형문화재 제31호 / 공주시 우성면 단지리 산 229-3

• 묵재영당(오백령 사우) / 공주시 우성면 단지리 321

• 공주 숙종대왕 태실비 / 충청남도 문화재자료 제321호 / 공주시 태봉동 산 64-1

당쟁에 희생된 남인 경세가 오시수

조선통신사 김인겸, <일동장유가>를 남기다

'가노라 삼각산아' 김상헌의 현손

일본에 공식 출장한 과정을 한글 가사 형식의 〈일동장유가〉로 남
긴 김인겸(金仁謙, 1707~1772)은 1707년 공주 무릉리에서 태어났다.
본관은 안동으로 병자호란 때 대표적인 척화파였던 김상헌이 그의
고조할아버지다. 1636년 호란 당시 예조판서 김상헌은 남한산성
에서 끝까지 척화론을 주장하면서 항복문서를 찢어버리고 1639년
청나라로 압송되어 선양에서 4년 동안이나 잡혀 있었다.

　김인겸은 보기 드물게 늦은 나이인 47세 되던 1753년(영조 29)
과거에 합격해 진사가 되었다. 그 후에도 줄곧 고향을 떠나지 않고
살면서 학문에 힘썼다. 1763년, 57세의 나이에 일본에 파견되는 통

신사의 3방 서기로 발탁된다.

당시 사대부들은 일본에 파견되는 통신사에 뽑히지 않기를 바랐다고 한다. '원수의 나라'인 데다 험한 바다를 헤치고 낯선 땅을 밟으며 1년 동안이나 고단한 여행길에 올라야 했기 때문이다. 하지만 우물 안 개구리와 같은 식견을 넓히고 일본의 사회·문화를 적극적으로 탐구하려는 지식인들도 있었다. 김인겸이 그 대표적인 사람이었다.

〈일동장유가〉를 지은 까닭

조선통신사는 1607년(선조 40)부터 1811년(순조 11)까지 모두 12회 파견되었다. 일본을 통치하는 바쿠후(막부) 쇼군의 취임을 축하하는 사절이다. 그때마다 일본 측이 파견을 요청했다.

첫 시작은 도쿠가와 이에야스의 요청에서 비롯되었다. 그는 통신사의 행차를 백성들이 관람하게 함으로써 마치 조선이 도쿠가와 막부에 인사하러 온 것처럼 과시하려고 했다고 한다.

하지만 조선의 통신사 일행은 일본 정세를 파악해 침략을 사전에 대비한다는 목적에 충실했다. 17세기부터 19세기까지 조-일 양국은 무력 분쟁을 피하고 사람과 글을 통해 교류하고 경쟁함으로

조선통신사 김인겸, 〈일동장유가〉를 남기다

써 통신사는 당시 동아시아의 평
화에 크게 기여했다.

김인겸은 1763년부터 1년간
에 걸쳐 다녀온 통신사행을 〈일
동장유가〉로 남겼다. 총 8,243구
에 달하는 한글 기행가사인 〈일
동장유가〉는 우리나라 가사 작품
1,900여 편 중 가장 긴 작품이다.
그는 공식 보고서인 《동사록》을
한문으로 기록한 후 〈일동장유
가〉를 한글로 지었다.

일동장유가 표지

그는 반일 정서를 담뿍 담고 새치름한 눈으로 일본과 일본인을
바라보면서도 합리적인 생활 도구나 전통적인 사회 관습 제도 등
에 대해서는 부러움을 〈일동장유가〉에서 표현했다.

"자손을 뵈려 하고 가사를 지어내니 / 만에 하나 기록하되 지리
하고 황잡하니 / 보시는 이 웃지 말고 파적이나 하오소서."라고 집
필 취지를 써서 자손들 교육용으로 기록했으니 양해해 주기를 바랐
다. 그는 공주에서 태어나 57세가 되도록 살았다. 〈일동장유가〉에
순한글로 쓴 시어는 그가 살던 18세기 중엽의 공주 양반 노인의 입
말이었다. 〈일동장유가〉는 2017년, 조선통신사 관련 기록물로서 유

네스코 세계기록유산에 등재됐다.

포로 소환은 뜻대로 되지 않고

조선으로서는 임진왜란 때, 특히 정유년 재침 때 대규모로 끌려간 포로들을 도로 데려와야 한다는 정치적 과제가 있었다. 일본의 군사적 동태를 살피는 한편, 그들을 가까이하여 협력의 방향으로 이끌 필요도 있었다.

1607년, 1617년, 1624년 등 3회는 '회답 겸 쇄환사'라고 불렀다. 일본 측의 국서에 회답하고 왜란 때 납치된 조선인들을 데려오는 것이 임무였다는 뜻이다.

일본 측의 사신도 조선에 왔다. 하지만 그들을 부산 왜관까지만 오게 했고 내륙여행은 금지했다. 과거 일본 사절을 위해 지정한 세 갈래 길이 임진왜란 당시 조선 침략에 이용되었기 때문이다.

일본은 통신사를 맞기 위해 재정을 마련하고 건물과 선박을 수리했다. 검객, 화술 뛰어난 사람, 서화나 문학에 뛰어난 사람 등 여러 분야의 인물을 에도에 모아 훈련하게 했다. 준비가 되면 조선에 통신사 파견을 요청했다. 조선 정부에서도 재주가 뛰어나고 박학다식한 이들을 널리 모았다. 천문, 지리, 산수, 점술, 의술, 관상, 무예, 악기, 바둑이나 장기에 뛰어난 사람을 모아 보냈으니 통신사는 국제적인 지식·문화 교류 사절단이었다.

　도쿠가와 막부는 조선통신사를 맞기 위해 1년 예산보다 많은 100만 냥을 투입했다고 한다. 통신사를 쓰시마에서 에도까지 인도하고 돌아오기 위해 무려 2천여 명의 쓰시마 사람들이 동원되었다. 통신사가 지나게 되는 각 지역의 영주들에게도 접대의 책임을 부여했다.

일본 지역 활성화에 기여한 조선통신사

조선통신사는 가는 곳마다 사람들을 몰고 다녔다. 김인겸은 〈일동장유가〉에 "구경꾼들이 구름처럼 몰렸다. 융단을 깔고 금병풍을 세우고 많은 여자가 비좁게 앉았다. 아이는 앞에 앉히고 어른은 뒤에 앉았는데, 통신사 행렬보다 많았으나 큰소리 하나 내지 않았다. 아이가 울면 입을 손으로 막는 걸로 봐서 구경꾼들에게 엄격한 통제를 하고 있음을 알 수 있었다."라고 기록했다.

　에도시대는 쇄국의 시대였다. 일본의 지식층에게 조선통신사의 방일은 대단한 기대감을 불러왔다. 오사카, 교토, 에도 같은 대도시에서는 통신사 일행의 이름, 직위, 사람됨을 소개한 책자까지 만들어 팔았다.

김인겸의 1763년 통신사행은 도쿠가와 이에하루의 간바쿠 세습을 축하하는 사절이었다. 에도까지 간 것은 이것이 마지막이었다. 1811년에 파견된 12번째 통신사는 쓰시마의 이즈하라에서 국서를 전달하고 돌아왔다.

한양에서 에도까지 193일 소요

김인겸 일행은 임금에게 출발인사를 했다. 영조는 '호왕호래'라는 휘호를 내렸다. 1763년 8월 3일, 일행은 한양에서 출발해 육로로 부산까지 갔다.

정사 조엄은 출발 전 일행에게 일본인들에게 예의를 갖출 것을 당부했다. 그는 동래부사와 경상도 관찰사를 역임한 인물로서 일본과 외교·통상업무의 경험을 가진 지일파였다.

10월 6일 오전 2시 부산에서 출발한 여섯 척의 사행선단이 오후 2시경에 쓰시마 서북쪽에 도착했다. 지금은 쾌속선으로 1시간 거리를 무려 12시간 걸려 도착한 것이다. 쓰시마를 거쳐 아이노시마에서 부사가 탄 배가 난파당하는 큰 사고를 당하기도 했다.

시모노세키에 도착한 통신사 일행은 일본 세토내해를 뱃길로 통

조선통신사 김인겸, 〈일동장유가〉를 남기다

조선통신사 행렬도(부분) © 국립중앙박물관

과하며 오사카에 도착한다. 여기서 일본의 금루선으로 갈아타고 요도가와강을 따라 교토-히코네-나고야-오카자키-미시마-하코네-오다와라-시나가와를 거쳐 에도에 닿았다. 일본의 주요 항구와 본토의 주요 도시 60여 곳을 두루 거치는 일정이었다.

김인겸을 비롯한 통신사 일행은 이듬해인 1764년 2월 16일이 되어서야 에도(도쿄)에 도착했다. 한양에서 출발해서 에도에 도착하기까지 자그마치 6개월 13일이 소요되었다. 숙소는 아사쿠사의 히가시혼간지였다. 에도에서 국서를 전달하는 전명식을 갖고 여정을 되짚어 돌아왔다. 한 달쯤 머무른 에도를 떠난 것은 그해 3월 11일이었고 한양에 도착한 날짜는 1764년 7월 8일이다. 총 11개월이 걸린 대장정이었다. 김인겸은 다시 임금을 뵙고, 7월 16일에 공주로 무사히 귀환했다.

고구마를 처음으로 들여오다

김인겸은 일본에서 진기하거나 본받아야 할 것을 보면 선망하는 심정을 〈일동장유가〉에 솔직하게 묘사했다. 물레방아 찧는 광경을 봤을 때는 "물속에 수기를 놓아 강물을 자아다가 홈으로 끌어들여 성안으로 들어가니, 제작이 기묘하여 법 받음직하고나야", "순환

반복하여 하루 닷 섬 찧는다네. 그중에 묘한 것은 겨가 다 절로 날려 어디로 가고 없고 쌀만 남았다."라고 감탄하고 있다. 오카자키로 향하던 중 강물 위에 배를 줄지어 엮어 배다리를 만든 것을 보고 자세하게 이를 묘사하기도 했다. 이때 그로서는 고향마을 앞을 흐르는 금강에도 배다리가 있으면 편리하겠다고 생각하고도 남았을 일이다.

김인겸의 통신사 일행은 일본에서 처음 고구마를 들여왔다. 김인겸은 쓰시마에서 고구마를 처음 먹어보고 "모양은 하수오요 그 맛은 극히 좋다. 마같이 무르지만 달기는 더 낫도다. 이 씨를 얻어다가 아국에 심어두고 가난한 백성들이 흉년에 먹게 하면 진실로 좋건마는, 시절이 통한하여 가져가기 어려우니 취종을 어이 하리." 하고 〈일동장유가〉에서 읊었다.

목숨을 건 험난한 사행길

당시 일본으로 가는 통신사행은 목숨을 거는 길이었다. 김인겸 일행은 모두 477명이었는데, 도중에 4명이 죽었다. 에도에서 되돌아오는 길에 오사카에서 묵던 중 정사 조엄의 수행 무관인 최천종이 칼에 찔려 살해당하기도 했다.

225

일본 측은 갑자기 사라진 쓰시마의 역관 스즈키 덴죠를 범인으로 지목했다. 13일 만에 잡힌 그는 최천종이 거울을 분실한 후 자신을 도둑으로 몰아 말채찍으로 구타하자 참지 못해 살해했다고 진술했다. 하지만 김인겸은 인삼 밀무역을 주원인으로 보았다. 조선은 민간 차원의 무역을 금하고 사행을 통해 물자를 교역했다. 정사를 비롯한 사신단과 역관에게는 개인적인 무역도 허용했는데 인삼과 은, 백사, 비단 등이 주요 교역품목이었다. 최천종이 조선에서 가져간 인삼을 역관을 통해 팔아 이익금을 나눴는데, 일본 역관이 분배금을 적게 받자 일을 저질렀다는 것이다.

일본 측은 범인을 열흘 만에 처형했다. 외교 문제로 비화할 것을 염려해 신속하게 처리한 것이다. 최천종 사건 처리를 위해 일행은 한 달 동안이나 오사카에 묶여 있었다. 김인겸은 〈일동장유가〉에서 이 일을 상세히 언급했는데 일본 측에 수사를 강력히 촉구하지 않는다고 조엄을 강하게 비판하기도 했다.

병을 무릅쓰고 시를 지어주다

일본인들은 통신사의 글과 그림을 받으려고 안달했다. 그렇게 어렵게 받은 글이나 시를 금장식 병풍이나 비단 족자로 만들어 가보

퇴석 김인겸 가비 ⓒ 오재철

김인겸 묘소 ⓒ 오재철

처럼 받들었다. 조선통신사 일행이 묵었던 사찰에는 지금도 당시 받은 글씨를 현판으로 사용하는 곳이 많다.

김인겸은 일본인들이 글을 청해 오면 기꺼이 써주고 필담에도 응했다. "병들어 어려우나 나라에서 보낸 뜻이 이놈들을 제어하여 빛 있게 하심이라, 병이 이리 중할진들 어이 아니 지어주리."라며 자못 굳은 사명감으로 임했다. 당시 그가 지어준 시가 무려 1천 수가 넘는다고 한다.

김인겸은 귀환한 후에 지평(지금의 경기도 양주) 현감을 지냈다. 통신사행의 노고를 생각해서 특별히 제수된 듯하다. 그는 1772년(영조 48) 65세를 일기로 세상을 떠났다. 김인겸이 묻힌 곳은 고향인 공주 무릉리의 선산이다. 무릉리의 이름은 백제시대의 왕릉이 있다고 해서 지었다는 설과 '무른 돌'에서 무릉동으로 바뀌었다는 설이 있다. 김인겸의 호 '퇴석(退石)'은 '무른 돌', '물러앉은 돌'로 해석된다. 무릉리는 판소리 명창 박동진(1916~2003)의 고향 마을이기도 하다.

김인겸 관련 유적 및 유물

• 퇴석 김인겸 가비 / 공주시 신관동 금강교 북단

• 김인겸 묘소 / 공주시 무릉동

황새바위와 공주의 순교자들

—

'내포의 사도' 이존창의 역정

충청도는 한국의 초기 천주교 역사에서 가장 빛나는 순교의 땅이자,
교인들을 길러내 전국에 퍼트린 신앙의 발원지다. 내포 지역(충남의 서
해안 유역)은 중국과의 바닷길을 통해 천주교 사제들이 목숨을 걸고 입
국한 통로였다. 그리고 충청감영이 있었던 공주는 천주교인들이 이송
되어 문초와 형벌을 받고 처형된 곳이다. 이 때문에 공주에서 가장 많
은 순교자가 발생했다.

충청도에 처음으로 복음을 전했을 뿐 아니라 가장 큰 역할을 한 이
는 이존창(루도비코 곤자가, 1759~1801)이다. 예산에서 태어난 그는 1784
년(정조 8) 권일신에게서 교리를 배워 입교했다. 그는 곧바로 충청도
지역에서 복음 전파에 힘썼다. 가성직 제도 아래서 그는 신부 역할을

하면서 활발한 활동을 펼쳐 '내포의 사도'라는 이름을 얻었다. '가성직'이란 평신도들이 사제 역할을 맡아 미사를 열고 견진성사 등과 같은 행사를 주재하는 것을 말한다. 그는 1794년에 처음으로 중국인 주문모(1752~1801) 신부를 불러들이는 데 성공했다. 주 신부는 1798~1799년에 공주 지역에서도 전도 활동을 펼쳤다.

충청도 초기 신자들은 대부분 이존창이 전도한 이들이다. 최초의 신부 김대건(안드레아, 1821~1846)의 할머니는 이존창의 조카였고, 최양업(토마스, 1821~1861) 신부는 그의 생질(누나의 아들)의 손자였다. 이존창의 열정적인 포교 활동에 따라 양인, 곧 평민들이 신자층의 주류를 이루게 되었다.

공주 지역에 천주교를 전파한 것도 이존창이었다. 1791년, 그는 공주 사람 김명주와 인철·홍철 부자에게 세례를 주었다. 이존창은 1791년 최초의 천주교도 박해사건인 신해박해 때 체포되어 공주감영에 투옥되었다가 신앙활동을 하지 않는다는 조건으로 풀려난 후 한동안 종교를 떠난 듯했으나 후에 더욱 열심히 전도했다. 하지만 을묘박해(1795)로 다시 충청감영에 갇혔다가 1799년에 풀려났다. 그는 1801년에 세 번째로 체포되어 2월 28일, 황새바위에서 참수형으로 순교했다.

학문으로 시작된 조선 천주교

조선에 천주교를 처음 들여온 이는 이수광과 소현세자였다. 소현세자

이왕(1612~1645)은 인조의 장남으로 병자호란 후 청나라에 인질로 끌려갔는데 베이징에서 아담 샬 선교사를 만나 천주교 사상과 서구 문물을 깊이 접했다. 그는 9년 만인 1644년에 귀국할 때《천주실의》등 한역 서학서를 갖고 돌아왔다.

소현세자는 서양 문물을 수용해 조선을 변화시키려는 꿈을 갖고 있었다. 하지만 아버지 인조에게 미움을 받아 귀국 3개월 만에 죽고 말았다.《인조실록》에는 그가 학질에 걸려 사흘 만에 죽었다고 기록되었으나, 또 다른 대목에는 "시신이 온통 검은빛이었고 얼굴의 일곱 구멍에서 모두 피가 흘러나와 마치 약물에 중독되어 죽은 사람 같았다."라는 상반된 기록도 존재한다.

조선은 전 세계에서 유일하게 자생적으로 천주교가 전파된 나라다. 노론이 오래 집권하면서 조선 후기부터는 사상의 다양성을 용인하지 않고 점차 독선으로 흘러갔다. 같은 공자, 맹자, 주자의 가르침을 따르면서도 이견을 가진 이를 성리학을 반대하는 무리라는 뜻의 '사문난적'으로 몰아붙이고, 중국에서는 주류의 하나가 된 양명학조차 이단시할 정도였다. 이런 상황에서 외래사상인 서학은 '사학(邪學)'으로 규정될 수밖에 없었다.

하지만 주자학을 절대적인 것으로 보지 않았던 지식인들은 다양한 세계관에 관심을 두던 중 천주교 서적을 접하고 자발적으로 신앙을 받아들였다.

황새바위와 공주의 순교자들

억눌린 자들에게 평등사상을 전파

1791년 진산사건이 일어났다. 진산사건이란 전라도 진산(지금의 충남 금산)에 사는 진사 윤지충이 이승훈에게 세례를 받고 자신의 모친상 때 제사를 폐하고 부모의 신주를 불사른 사건이다. 그는 결국 고종사촌 권상연과 함께 전주감영에서 참수되었다. 권상연은 공주에 살았던 양반계급의 천주교 신자였다.

진산사건 이후 사대부들이 대거 이탈하고 물밑으로 들어갔지만, 그로부터 10년 후 정순대비가 사학을 배척하는 명령을 내릴 즈음에는 신도가 1만여 명에 달했다고 한다.

천주교는 남녀가 한 장소에서 미사를 올리는 등 인간 존중과 평등을 실천했다. 종래 조선 사회에서는 사찰에서 법회를 할 때도 남녀를 구분하고, 향교와 서원은 여성의 출입이 금지됐다. 이런 시대에 천주교인들은 집안의 노비문서를 불태우고 가난한 이웃을 돕는 등 선행을 함으로써 신자는 더 빠르게 늘었다. 조선에서 정식으로 신분 해방이 이뤄진 것은 1894년 갑오경장 때라고 볼 때 그에 한참 앞서서 사람을 사람답게 대접해주었던 천주교는 큰 '복음'이 아닐 수 없었다.

천주교는 정치적 소외계층, 신분 질서에 억눌린 사람들에게 새로운 희망을 품게 한 반면, 조선의 전통과 정서를 정면으로 거스름으로써 탄압을 자초하기도 했다. 전통 유학자들은 천주교를 "국가와 군주의 권위를 부정하고 충효를 저버리는 오랑캐의 풍속"이며, "제사를 거부

공주의 인물을 만나다

하고 신주를 철폐하니 조상의 뿌리를 모르는 금수와 다름없다."라고
강하게 배척했다.

온건했던 정조, 가혹했던 정순대비

초기 천주교 전파기에 정조(재위 1776~1800)는 "정학(성리학)이 밝아지
면 사학(천주학)은 저절로 종식될 것"이라며 천주교를 혹독하게 대하
지는 않았다. 하지만 정조가 죽은 후 11살의 순조가 왕위에 오르자 수
렴청정을 하게 된 정순대비 경주 김씨(1745~1805)는 천주교를 말살하
려 했다.

정순대비는 노론 벽파에 의해 영조의 왕비로 책봉된 인물이다. 그
는 천주교 신자들이 많았던 남인과 노론 시파를 제거하기 위해 천주
교 박해를 적극적으로 활용했다.

1801년 신유년 정월, 정순대비는 〈토역반교문〉을 내려 사학을 엄금
하도록 명령했다. 책자를 불태우고 포도청과 지방 수령들에게 천주교
도 체포령을 내렸다. 한 집에서 천주교도가 적발되면 이웃 다섯 집을
모조리 처벌하는 오가작통법을 써 교인을 샅샅이 찾아내게 했다. 이때
이가환·권철신이 고문 끝에 죽고, 이승훈·정약종 등이 서소문에서 처
형되었으며, 정약전·정약용·이기양 등은 유배되었다.

이후에도 기해년(1839), 병오년(1846), 병인년(1866)의 박해로 무수
히 많은 천주교인이 죽어갔다. 특히 흥선대원군에 의한 병인박해는 천

황새바위 순교성지 ⓒ 오재철

주교 박해의 절정이었다. 7척의 군함으로 침입한 프랑스군과 20여 일간 싸운 병인양요(1866)와 독일인 오페르트가 저지른 덕산의 남연군(흥선대원군의 아버지) 묘 도굴 미수사건(1868)에 따른 보복으로 탄압은 더욱 혹독해졌다. 베르너를 비롯한 9명의 프랑스인 신부를 포함해 이 시기에 처형된 교인의 수는 무려 8천 명이 넘었다고 한다.

쫓기는 교인들을 품어준 교우촌

1831년, 교황 그레고리오 16세는 조선을 독립 교구로 설정하고 포교 책임을 파리 외방전교회에 맡겼다. 프랑스 신부들은 바닷길을 통해 충청도 서해안으로 입국했다. 모방(1803~1839)을 시작으로 페레올(1808~1853), 다블뤼(1818~1866) 신부 등이 그들이다. 1836년에는 조선인 신부를 키우기 위해 충청도 출신 김대건, 최양업, 최방제 등 세 명의 소년을 파리 외방전교회의 지부가 있던 마카오의 신학교로 보냈다.

천주교가 일찍 유입된 충남 서부의 내포 지역은 대체로 평야지대였지만, 공주 일대는 산간 지역이 많아서 1791년 신해박해 이후 신앙생활을 계속하려는 신자들이 숨어들었다. 이에 따라 공주지역 곳곳에는 교우촌이 형성되었다.

신풍 봉갑리의 수리치골은 특히 의미가 깊은 곳이다. 1846년 병오박해가 터지자 페레올 주교(조선교구 3대 교구장)와 다블뤼 신부가 이곳에서 '성모성심회'를 창설했다. 김대건 신부가 뜻밖에 일찍 체포되어 처형당하는 등 암울한 상황에서 신심운동단체를 조직해 어려움을 극복하고자 한 것이었다.

당시 공주지역에는 둠벙이(신풍 조평리와 유구 백교리의 경계), 사랑골(신풍 평소리), 진밭(사곡 신영리), 질울(정안 고성리), 관불(유구 녹천리), 국실(반포 국곡리) 등 여러 곳에 교우촌이 있었다. 특히 1861년 조선을 8곳으로 담당구역을 나뉘었는데, 그중 충청도가 4곳을 차지했고 공주의 두 곳이 사목 중심지였다. 둠벙이(조안노 신부)와 진밭(리델 신부)이다.

공주는 '순교의 땅'

공주는 수백 명의 천주교 신자들이 온갖 고문과 회유 속에서도 신앙을 굳게 지키며 죽어간 '순교의 땅'이다. 1791년부터 1879년까지 공주에서 순교한 교인의 숫자는 지금까지 337인으로 확인되었다. 이들을 시기별로 구분하면, 1801년 신유박해 때 이존창·이국승 등 16명이 참수되었고 1839년 기해박해 때에는 김 베드로·전 베드로가 처형되었다. 1866~68년의 병인박해 시기에는 무려 302명이 처형되었다. 공주감영으로 압송된 후 문초를 받거나 즉결 처분된 경우가 많았으며, 교수형을 당하거나 옥사하는 경우가 대부분이었다.

337명 중에서 교수형을 당한 사람이 276명, 공개 처형인 참수형을 당한 이가 49명, 나머지는 고문치사, 아사 등이다. 가장 나이가 많은 순교자는 전 충주목사 남상교인데, 병인박해 때 84세의 나이로 옥에서 아사했다. 가장 어린 이로 알려진 것은 김춘겸의 딸로 10살이었고, 20세 미만의 순교자가 무려 스무 명이나 된다. 337명 가운데 공주 사람이 140명으로 전체의 42%를 차지했다.

공주의 순교자 가운데 4명은 성인과 복자에 올려졌다. 한국 천주교 103위 성인의 한 사람으로 시성된 손자선(토마스)은 합덕 출신이다. 병인년에 해미에서 충청감영으로 이송되어 온갖 고문을 가해도 끝내 배교하지 않고 28세의 나이에 처형되었다. 2014년, 프란치스코 교황이 방한했을 때는 공주의 순교자 가운데 이국승(바오로), 김원중(스테파노), 이도기(바오로) 등 3인이 새로 복자품에 올랐다.

가장 많이 숨진 곳은 공주 향옥

공주지역의 순교지는 여러 곳에 있다. 참수 처형을 했던 황새바위, 교수형을 집행했던 향옥, 또 하나의 공개 처형지였던 장깃대나루에서도 천주교인들에 대한 사형이 집행되었다. 감영과 우영(중동성당 아래쪽)에서 문초를 받다가 죽는 경우도 많았다.

황새바위에서의 공개 처형은 지방 신자들을 거주지로 압송하여 처형토록 하는 '해읍정법'에 따른 것이었다. 즉 중죄인을 출신 지역에서 처형하여 본보기로 삼고자 한 것이다. 황새바위에서 공개 처형할 때는 맞은편 공산성에까지 수많은 사람이 올라가 이를 지켜봤다고 한다. 참수한 후 머리를 나무 위에 오랫동안 매달아 놓았고 시신은 들판에 버려두었다. 이 때문에 황새바위 바로 앞을 흐르는 제민천은 순교자들의 피로 뻘겋게 물드는 일이 많았다.

황새바위라는 이름은 이곳이 금강과 이어지는 드넓은 저습지 옆이어서 황새가 늘 날아들던 바위에서 처형해서 유래되었다는 설과 사학죄인들이 항쇄(큰 칼)를 차고서 바위 근처에서 처형되어 항쇄바위라고 불렀다는 설이 있다.

공주향옥은 현 공주시 교동에 자리한 교동성당 언저리에 있었다. 중동성당처럼 교동성당도 초기 신자들이 순교한 땅 위에 세워진 것이다.

장깃대나루는 금강 북쪽의 시목동(신관동)과 강남의 옥룡동을 연결하는 나루다. 삼남대로라고 불렀던 한양과 호남을 이어주는 교통로 상에 자리해 당시 공주에서는 가장 교통량이 많은 나루였다. 장깃대나루라는 명칭은 공개적으로 사형을 집행하던 깃발이 꽂혀있던 데서 유래되었다는 설이 있다. 1894년 7월 29일, 동학농민운동이 거셌던 전라도를 피해 온 죠조 신부가 여기서 청나라 군사들에게 붙잡혔다. 그들은 성환에서 일본군에 패해 쫓겨 내려오던 중이었는데 죠조 신부와 마부 정보록을 함부로 죽이고 말았다.

1897년 건립된 공주성당

조선이 1886년 프랑스와 수호 통상 조약을 체결하면서부터 천주교 박해가 중단되었다. 우리나라 역사에서 종교적 신념을 이유로 이렇게 짧

공주 중동성당

은 기간에 처절한 순교를 거친 사례는 보기 드물다.

1897년 5월 8일, 공주 중동(강경골)에 공주성당이 설립되었다. 충청도 천주교 박해의 중심지에 마침내 성당을 지은 것이다. 초대 신부는 프랑스인 기낭 진보안 신부였고 성당 건물은 기와를 올린 한옥이었다. 이즈음 본당 외에 요골·사기점골(유구 명곡리), 무재(우성 봉현리), 산막

(유구 구계리), 안말(정안 내촌리), 운암산(사곡 운암리), 삼배실(이인 운암리) 등 29곳에 공소가 있어 신자 수는 모두 1,548명에 달했다.

공주 본당에 속한 지방들은 천안, 서천, 홍산, 비인, 부여, 남포, 예산, 서산과 논산 일부였다. 1921년 공주 본당에 부임한 최종철 신부가 주도해 1937년에 지금의 성당과 사제관, 수녀원 등을 신축했다. 서울의 약현성당을 모델로 설계하여 고딕식 종탑을 갖춘 라틴 십자형 성당이 지금의 중동성당 본당이다.

공주의 천주교 순교자 관련 유적 및 유물

• 황새바위 천주교 순교 유적 / 충청남도 기념물 제178호 / 공주시 금성동 6-1

• 공주향옥 / 공주시 교동 118-2(현 교동성당)

• 충청감영 터 / 공주시 반죽동 322-1(현 공주사대부고)

• 공주 중동성당 / 충청남도 기념물 제142호 / 공주시 중동 31-2

• 성모성심 수녀회 / 공주시 신풍면 봉갑리 322 (수리치골)

• 사랑골 공소 / 공주시 신풍면 평소리

• 요골 공소 / 공주시 유구 명곡2리 195

5

근대

삼일천하로 끝난 개화혁명의 꿈, 김옥균

정안 광정리 감나무골에서 태어나다

공주 정안면 광정리 감나무골에는 김옥균(金玉均, 1851~1894)의 옛 집터가 있다. 이곳은 차령산맥에서 완만하게 뻗어 내린 산자락이 평지와 만나는 지점이다. 김옥균은 철종 2년이던 1851년 1월 23일, 안동 김씨인 아버지 김병태와 어머니 은진 송씨의 맏아들로 태어났다. 2년 후 산 너머에 있는 천안 광덕면 원덕리로 이사할 때까지 그는 이곳에서 살았다. 그의 아버지는 고향보다 큰 마을인 원덕리에서 서당을 열어서 생계를 이어갈 수 있었다.

김옥균은 여섯 살 때 아버지의 6촌 형인 형조참의 김병기의 양자로 입양되어 상경했다. 김병기는 고종 대에 옥천군수, 강릉부사,

가평현감 등을 역임했다. 1872년(고종 9) 그는 22세의 나이로 알성문과에 장원으로 급제해 수석합격자에게 주어지는 성균관 전적(6품)에 임명되었다. 이후 10여 년간 사헌부·홍문관·사간원 등의 요직을 거쳤다. 엘리트 관료의 필수코스를 밟은 그는 30세 이전에 이미 중견 관료로서 자리를 굳히고 널리 이름을 알렸다.

박규수의 사랑방에서 싹튼 개화당

김옥균은 개화사상을 일찍 받아들였다. 개화사상은 봉건적 틀과 사상에서 벗어나 근대 문물과 제도를 적극적으로 수용해 조선사회의 후진성을 탈피하자는 신진사상이었다. 김옥균의 개화사상 형성에 가장 큰 영향을 준 스승은 박규수였다. 박규수는 북학파(이용후생학파)의 거두인 박지원의 손자로서 그는 정계 주류인 노론에 속하면서도 개항의 필요성을 일찍 깨닫고 선진 제도와 문물을 적극적으로 받아들이자고 주장했다.

서울 종로구 재동에 있던 박규수의 사랑방은 '개화파의 정치학교'였다. 김옥균은 박지원이 청나라에서 가져온 지구본을 돌려보면서, 박지원의 《연암집》을 비롯한 실학파의 책들과 《해국도지》, 《영환지략》 등 서양 소개서를 탐독했다. 김옥균은 개화에 임하는

청나라의 사정과 서구 열강의 근
대 제도 및 선진 문물에 관해 학
습하며, 조선의 근본적인 개혁방
안을 구상하게 된다.

서양 복장을 한 김옥균

김옥균은 유학자였지만 유교
를 현실에 근거한 자세로 대했다.
일본에 시찰단으로 갈 때는 상투
를 자르고 양복을 입었다. 기독교
에 대해서도 수용적 자세를 취했
다. 일본을 방문했을 때 미국 감
리교 로버트 맥클레이 박사 부부
와 사귀어 1884년 6월 그들이 입국했을 때 고종과의 접견을 주선
했다. 이때 의료와 교육 분야에 한정해 조선에서의 선교를 허가받
음으로써 1885년 4월 5일, 미국인 선교사 아펜젤러(감리교)와 언더
우드(장로교)가 나란히 제물포항을 통해 입국했다.

개화당을 이끈 당수 김옥균

고종의 아버지 흥선대원군 이하응(1820~1898)은 1863년부터 10년

삼일천하로 끝난 개화혁명의 꿈, 김옥균

의 섭정 기간을 안동 김씨와 풍양 조씨 가문의 세도정치를 정리하는 데 힘을 쏟았다. 전정·군정·환정 제도를 개선하고 국왕 중심의 정치제도 정비, 서원 철폐 등으로 혁신을 꾀했다. 그는 제국주의 열강에 대해서는 철저하게 척화정책을 폈다. 특히 병인양요와 자신의 아버지인 남연군 묘 도굴 미수 사건을 겪자 그 뜻은 더욱 완강해졌다. 서양·일본과의 수교나 통상을 거부하고 쇄국만 고집했고, 서학(천주교)도 서양의 종교라는 이유로 모질게 탄압했다.

김옥균은 개화파들의 비밀결사를 조직했다. 그는 사람들과 어울리고 사귀기를 좋아해 문벌이나 세도가를 떠나 폭 넓은 계층과 인간관계를 유지했다. 박규수·강위·유홍기·오경석·이동인 등은 김옥균의 스승과 선배 격인 인물들로 그가 개화사상에 눈을 뜨게 해준 이들이다. 관직 생활을 하면서 뜻을 같이하게 된 이들로는 김홍집·김윤식·어윤중·박영효·박영교·서광범·홍영식·유길준·서재필·서재창·지석영 등이 있었다.

개화당의 당수는 김옥균이었다. 학문적 깊이나 개화에 대한 열정과 행동력이 다른 이들을 압도했다. 서재필에게 일본 유학을 권유해 1883년 도야마 육군하사관학교에서 1년간 신식 군사학을 배우게 했다. 윤치호에게는 영어 습득을 적극적으로 권유해 영어 실력을 갈고닦은 윤치호는 1883년 초대 주한미국공사가 부임할 때 통역관으로 활동했다.

"개화를 해도 우리가 한다"

개화정책의 주도권을 놓고 개화파는 집권 민씨 외척세력과 협력과 경쟁을 하게 된다. 고종의 왕비 민자영(명성황후)은 조카인 민영익에게 개화 정책을 이끌어가도록 책임을 지웠다.

김옥균을 비롯한 개화당 인사들은 민영익의 사랑에도 자주 출입했다. 1882년 임오군란 진압 후 수신사가 파견될 때는 민영익과 김옥균이 함께 3개월간에 일본을 시찰했다. 하지만 민영익은 점차 친청파로 기울어, 일본을 활용해 청나라로부터 벗어나려는 김옥균과는 서로 피할 수 없는 정적의 길을 걷게 되었다.

1880년(고종 17), 개화 정책의 하나로 근대적 행정기구인 '통리기무아문'이 설치되었다. 외교와 국가재정, 군사 업무를 총괄하는 기구였다. 아울러 12사를 두어 정부 업무를 분담케 했다. 김옥균이 참의교섭통상사무로 임명되는 등 개화파들이 대거 임용되었다. 김옥균은 수구파의 압력으로 동남제도 개척사 겸 관포경사로 밀려났다가 이조참의, 호조참판을 맡았지만 자기 뜻을 펴기는 쉽지 않았다. 개화당이 주도한 정책들이 점차 꺾이게 되자 그들은 민씨 외척세력의 농간을 이겨내기 위한 '대경장'을 모색하기 시작했다.

1882년 6월에 임오군란이 일어났다. 구식 군인들이 차별과 홀대를 참지 못하고 일어난 소요가 흥선대원군의 재집권으로 이어졌

삼일천하로 끝난 개화혁명의 꿈, 김옥균

다. 왕비 민씨는 살해 위협을 피해 시골로 잠적했다. 이때 민씨 외척들이 청에 변란 진압을 요청하자 청나라 3천 명의 군사들이 용산에 사령부를 차려두고 조선의 내정과 외교를 좌지우지하기 시작했다. 흥선대원군은 용산기지에 억류되었다가 텐진으로 끌려가 권력은 다시 민씨 일가가 독점하게 되었다.

조선은 동양의 불란서가 되자

김옥균은 1881년부터 1883년까지 일본을 세 차례 방문했다. 1881년 12월, 고종이 파견한 신사유람단 62명의 일원으로 7개월간 시찰한 것이 첫 번째이다. 이때 근대적 군대와 의료시설, 전신국 등 근대화 현장을 돌아보면서 그의 근대화 사상 정립에 영향을 미친 후쿠자와 유키치를 만나게 된다. 후쿠자와는 실학과 부국강병, 민본사상을 강조한 저명한 근대화 사상가로 나중에 일본 지폐 1만 엔권의 모델이 된 인물이기도 하다. 그는 김옥균을 일본의 정계 인물들과 만나게 해주고 정변을 후원했다. 방일 후 김옥균은 1882년에 《기화근사》라는 계몽적 책을 내놓았다.

그의 두 번째 일본 방문은 1882년 8월부터 3개월간 수신사의 수행원으로 파견된 것이다. 임오군란 와중에 피살된 일본인과 파괴

된 공사관에 대한 보상과 사과를 위해 파견되었는데, 이때 김옥균은 일본에 혼자 남아 3개월을 더 머무르다가 돌아왔다.

김옥균은 일본이 1868년 메이지유신으로 봉건 체제 변혁에 성공한 것에 주목했다. 일본을 두 번째 방문했을 때 그는 정변을 일으킬 것을 결심하고 일본의 사관학교에 유학 중이던 군인들을 포섭해 매주 한 번씩 회합했다.

1883년 6월, 김옥균은 다시 일본을 방문한다. 고종의 위임장을 갖고 300만 엔의 차관을 얻기 위해서였다. 차관을 얻어오면 일본에 내정 간섭의 구실을 줄 수밖에 없었지만, 심각한 재정난을 벗어나기 위한 궁여지책이었다. 그때의 300만 엔은 조선 정부의 2년치 수입에 해당하는 큰 액수였다. 하지만 수구파가 막후에서 방해 공작을 벌인 데다 일본 측에서도 미온적인 태도로 일관해 차관 도입은 성공하지 못했다.

김옥균은 일본의 근대화 사례를 벤치마킹하기 위해 힘썼다. 그는 주변 사람들에게 "일본이 동양의 영국이라면, 우리 조선은 동양의 불란서가 되어야 한다."라고 자주 설파했다.

1883년 개화파는 한국 최초의 근대 신문 《한성순보》를 창간해 앞으로 정부가 지향해야 할 개화의 방향과 화두를 적극적으로 제시했다. 김옥균은 여기에 "절실하고도 중요한 것은 첫째는 위생이요, 둘째는 농상이요, 셋째는 도로"라고 썼다. '치도약론'을 통해 위생과 도로의 개수를 주장하고 치도국과 우정국의 설치, 근대적 인구통계조사 시행, 농사시험장·농업학교·순경부 등의 설치를 추진하는 제도 변혁을 주장했다. 그가 지향한 정치체제는 《한성순보》에 게재된 '구미입헌정체'라는 글로 짐작할 수 있다. 삼권분립과 양원제를 주축으로 한 의회제도, 입헌군주제 국왕과 정부의 위상 및 역할 등을 소개한 글이다.

"부득불 한 번의 대경장이 있어야 한다"

1883년 무렵부터 개화당과 민씨 일파의 대립은 더욱 노골화했다. 민씨 일파의 당오전 발행을 개화파가 반대하고, 개화 세력이 추진한 한성부의 도로 정비 사업과 신식 군대 양성 정책 등에 민씨 일파가 훼방을 놓았다.

고종은 김옥균 등이 임오군란 이후 추진한 유학생 파견, 치도 사업, 《한성순보》 발행, 신식 군대 양성 등을 후원했다. 안으로는 민씨 세력을 견제하고 밖으로는 반청 친서구 세력을 키운다는 계산이었다.

하지만 김옥균 일파는 고종을 깊게 신뢰하지 않았다. "주저하고 의심이 많아 잠시의 편안함만 얻으려 하며, 간사한 무리에게 현혹

되어 능히 결단하는 것이 별로 없는"군주로 보았다. 이는 윤치호가 쓴 이야기다. 고종만을 믿고 따를 수 없다는 판단은 결국 정변 단행으로 이어졌다. 김옥균은 정변 이전에 〈조선개혁 의견서〉에 자신의 속마음을 이렇게 내비쳤다.

"대군주(고종)께서 비록 극히 영명하고 총명한 결단이 있다 하더라도 4백 년간 누적된 완루한 풍속을 갑자기 변화시킬 수는 없다. 부득불 한번 대경장이 있어 개혁 정부를 세워야 군권이 존중되고 민생이 보존될 수 있다. (중략) 독립하려면 즉 정치·외교는 불가불 자수자강해야 한다. 그러나 저들을 섬기는 지금의 정부·인물로써는 만부득한 것이다. 군권을 위험에 빠트리고 세력을 탐하는 구식의 무리를 소제하는 방법은 두 가지 계책이 있다. 하나는 임금의 밀칙을 얻어서 평화적으로 행사하는 것이고, 하나는 임금의 밀의를 의뢰하여 힘으로써 종사하는 것이다."

피로 물든 우정총국, 그리고 경우궁

1884년 12월 4일 우정총국 개업 축하 만찬이 열렸다. 우정총국은 우리나라 최초로 근대적 우편 사무를 담당하는 기관이었으므로 그 의미는 작지 않았다. 이 자리에는 민영익(우영사), 한규직(전영사),

이조연(좌영사) 등과 미국, 영국, 청국의 대사들이 초대되었다. 주빈인 홍영식을 비롯한 개화파 김옥균·박영효·김홍집·윤치호 등도 참석했다.

밤 9시경 별궁에 지른 불을 신호로 개화파는 무력 행동을 개시했다. 갑신정변의 시작이었다. 제1 목표였던 민영익을 찔렀으나 단번에 죽이지 못해 그가 피투성이가 된 채 연회장으로 들어오자 참석자들이 혼비백산해 흩어졌다. 김옥균은 일본 공사관으로 가서 다케조에 공사의 태도를 다시 확인하고 창덕궁으로 입궐해 고종을 깨워 변란을 알렸다.

왕비 민씨는 "청나라가 시켰나, 일본이 시켰나?"를 따져 물었다. 이때 가까운 곳에서 큰 포성이 울렸다. 개화당의 비밀 당원이었던 궁녀 고대수가 통명전에서 폭약을 터트려 울린 가짜 포성이었다. 왕과 왕비가 크게 놀라 서둘러 계동의 경우궁으로 옮겼다. 창덕궁보다 규모가 작은 경우궁은 고종의 신변을 확보하기에 적당했다.

김옥균은 고종에게서 '일사래위'라고 쓴 친필을 받아 일본 공사관으로 보냈다. '일본 공사는 와서 호위하라'는 뜻이었다. 고종을 만나러 경우궁으로 들어온 권력 실세들은 정변 세력에 의해 차례로 살해되었다. 이조연, 한규직, 윤태준, 민영목, 조영하, 민태호 등이었다. 고종의 최측근 내관인 유재현도 고종이 말렸으나 죽여버렸다. 왕명을 발동해 친군 4군영 군사 2천여 명을 동원해 경우궁의

공주의 인물을 만나다

외곽을 수비하게 했다. 그 안쪽은 일본군이었고, 가장 안쪽 왕과 왕비 그리고 정변 지도급 인사들을 호위하고 있는 것은 '충의계'였다.

정변 세력은 새 정권의 인사명단을 작성해 조보를 통해 알리고, 12월 5일 새벽 4시경 각국 공사관에 새로운 정부가 수립되었음을 알려 고종을 위문하게 했다. 새 정권은 좌의정 이재원, 우의정 홍영식, 전후영사 겸 좌포장 박영효, 좌우영사·우포장 겸 외무독판대리 서광범, 좌찬성 겸 좌우찬 이재면, 예조판서 김윤식, 형조판서 윤웅렬, 한성부 판윤 김홍집, 호조참판 김옥균, 병조참판 서재필, 도승지 박영교 등으로 구성되었다.

변심한 고종과 일본 공사

12월 6일 오전 10시경, 김옥균은 박영효·홍영식 등과 함께 개화당의 구체적인 개혁구상을 담은 정령을 작성해 반포했다. 고종과 왕비 민씨는 거처가 불편하다는 핑계로 경우궁을 벗어나기 위해 애썼다. 결국 오전 10시경, 왕과 왕비는 계동 이재원(고종의 종형)의 집으로 피신했다가 오후 5시경에 다시 창덕궁 관물헌으로 신변을 옮겼다. 이때 고종은 은밀히 청군을 불러들이기 위해 바깥과 내통하고 있었다.

삼일천하로 끝난 개화혁명의 꿈, 김옥균

오후 2시경 마침내 청군이 창덕궁 동문과 서문으로 포를 쏘며 공격해왔다. 청나라는 일본 공사에게 서찰을 보내 일본에 적대할 의사가 없으며 조선 국왕을 자신들이 보호하겠다고 통보한 후였다. 개화당 군사는 2백여 명, 다케조에가 이끌고 온 일본군은 150여 명이었지만, 위안스카이가 이끄는 청군은 무려 1,500명이나 되었다. 또한 창덕궁 밖 수비를 맡은 조선의 좌우영군도 청군과 한편이 되어 공격해왔다. 수적으로 절대 열세인 개화파 측의 전세가 불리해졌다. 일본 공사는 청군과 싸우기를 포기하고 군사를 물리려고 했다.

김옥균 등 정변의 핵심 세력은 결국 고종을 놔주고, 철수하는 일본군을 따라 일본 공사관으로 도망칠 수밖에 없었다. 이때가 저녁 7~8시경이었으니, 정변은 만 48시간이 안 되어 실패로 끝난 것이 명확해졌다.

조선의 군인과 백성들은 일본 공사관으로 쫓아와 돌을 던지고 불을 질렀다. 다음날인 12월 7일 오후 다케조에 공사는 자국 군인과 민간인들을 모두 이끌고 제물포로 도피했다. 김옥균, 박영효, 서광범, 서재필 등 개화당 9명도 뒤따랐다. 이들은 이튿날 아침 제물포의 일본 영사관에 도착했다. 김옥균 등은 일본 우편선 치토세마루의 밀실에 숨어 있다가 12월 10일 새벽 일본을 향해 떠났다.

실패한 갑신정변과 10년간의 일본 망명

갑신정변이 실패한 원인은 개화당이 일본의 선의를 과신하고 그들의 군사력에 크게 의지했으며 청나라 군대를 과소평가했기 때문이었다. 김옥균에게 정변을 부추겼던 다케조에 공사는 날이 밝은 후 갑자기 일본군을 철수시키겠다고 통보했다. 본국으로부터 정변에 가담하지 말라는 훈령을 받은 것이다.

김옥균이 만들고자 했던 정치체제와 정국 운영 방향은 일본 망명 직후에 쓴《갑신일록》에 남긴 14개 조항의 정령을 통해 알 수 있다.

1. 홍선대원군을 즉각 환국케 하고, 청에 대한 사대와 조공의 허례를 폐지한다.

2. 문벌을 폐지하고 인민평등권을 제정하며, 실력과 재능에 의해 인재를 등용한다.

3. 전국의 지조법을 개혁하고 탐관오리를 근절하고, 궁민을 구제하며 국가재정을 충실히 한다.

6. 각도의 환상미(환곡)는 영구히 폐지한다.

12. 모든 국가재정은 호조에서 관할하고 그밖의 중앙 재무관청은 금지, 혁파한다.

일본에 망명한 김옥균은 1885년 11월 《갑신일록》을 완성하고 1886년 7월 고종에게 중립국화와 신분제 폐지 등을 주장하는 상소문을 보냈다. 김옥균을 죽이기 위해 조선에서 보낸 자객들이 외교적 문제를 일으키자 일본 정부는 그에게 떠날 것을 요구했다.

김옥균은 1886년, 북태평양의 사이판 근처에 있는 일본의 최남단 오가사와라 제도로 갔지만 2년 후에는 다시 최북단의 홋카이도로 보내져 사실상 연금과 유배 생활을 해야 했다.

10년째 망명 생활을 보내던 김옥균은 1894년 2월, 상하이로 건너갔다. 조선에 직접적인 영향력을 미치는 청나라의 북양대신 리홍장과 담판을 짓기 위해서였다. 김옥균은 망명 생활 중에 청나라의 현실적 역할을 인정하고 활용하는 방향으로 생각이 발전했다. 서구 열강의 각축장이 되고 청-일의 틈바구니에 낀 조선의 중립국화를 적극적으로 모색하며, 청-일본-조선이 서구에 공동 대처하는 삼화주의를 확립하게 되었던 것이다.

하지만 김옥균은 1894년 3월 28일, 상하이 미국 조계에 있는 동화양행(여관)에서 홍종우에게 권총 세 발을 맞고 피살되었다. 그때 그의 나이 44세였다. 홍종우는 최초의 프랑스 유학생으로 왕과 왕실을 위해 충성을 다하려는 인물이었다. 김옥균을 암살하고 귀국한 그는 황국협회의 주요 인물로 활동하며 과거에 급제해 관직이 제주목사에 이르렀다.

김옥균 생가터 ⓒ 오재철

김옥균의 시체는 청나라 군함에 의해 조선으로 옮겨져 3월 9일 양화진(현 서울 마포구 합정동)에서 능지처참되었다. 그의 목은 '대역 부도 옥균(大逆不道玉均)'이라는 현수막과 함께 양화진에 걸렸고, 시신 조각들은 8도에 보내 충청감영 주재지인 공주에도 효시되었다. 하지만 불과 몇 달 후 온건개화파 내각이 들어서 총리대신 김홍집, 법무대신 서광범의 상소로 그의 반역죄는 사면되었다.

김옥균 관련 유적 및 유물

• 김옥균 유허지 / 충청남도 기념물 제13호 / 공주시 정안면 광정리 38

우금티에서 스러진 후천개벽의 꿈

-

동학농민전쟁과 청일전쟁

1894년은 20세기 조선의 운명이 결정된 해였다. 2월, 전라도 고부(현전북 정읍)의 농민들이 관아를 점령하면서 시작된 1차 동학농민전쟁은 주로 전라도에서 벌어졌다. 동학군이 영향을 미치던 100여 개 고을에서는 관의 행정력이 통하지 않을 정도로 농민들의 기세가 강했다.

충청도의 동학 기세도 1893년의 보은집회 이래 갈수록 커지고 있었다. 전라도처럼 무장 활동을 하지 않았지만, 농민들이 다투어 입도했다. 양반과 지방행정 담당 관리 등 향촌 사회의 지배층은 동학을 사교(邪教)로 규정했다. 그들로서는 이념적으로도 용납할 수 없었을 뿐 아니라 자신들의 재산과 생명을 지켜내야 했기 때문이다.

점차 거세지는 동학농민군을 제압할 능력이 없었던 조선 정부는

1894년 6월 1일, 청에 지원을 요청했다. 2,800명의 청나라 군사가 아산만에 상륙했다. 9년 전인 1885년 청나라와 맺은 톈진 조약에 따라 일본에게도 군대를 파견할 구실이 생겼다. 다음날 4,500명의 일본군이 마치 기다렸다는 듯이 제물포항으로 밀고 들어왔다. 일본군은 한양으로 직행해 경복궁을 점령하고 고종을 겁박해 조선군의 무장을 해제하고 김홍집·박정양 등으로 친일 내각을 출범시켰다. 새 내각은 조선과 청나라가 맺은 모든 조약을 파기하고 일본군에게 청나라 군대를 몰아내도록 권한을 부여했다.

일본군은 청의 해군을 서해에서 격파하고, 육군을 평양에서 무찔렀다. 일본군은 랴오둥반도까지 진출해 중국 본토까지 노렸다. 이에 청은 더 큰 피해를 보지 않기 위해 불평등 조약을 맺을 수밖에 없었다.

일본군이 경복궁을 점령했다는 소식이 들리자 충청도의 동학 조직은 무장 궐기에 들어갔다. 안으로는 세금을 가혹하게 거두고 백성들의 삶을 억누르는 탐관오리들을 정리하고 신분제를 타파하며, 밖으로는 외세의 침략을 물리치자는 것이었다. 노비가 제 발로 상전의 집에서 나오고, 지역사회에서 지탄받던 양반과 하급 관리가 죗값을 치르는 일이 잦아졌다. 억울하게 빼앗긴 땅과 재물을 되찾으려는 농민들의 사적인 분풀이가 벌어지기도 했다.

읍내를 제외한 대부분 지역에서는 기존의 행정·사법권이 통하지 않았다. 다만 동학의 제2대 교주 최시형의 지도를 따르던 충청도의 동학도들은 읍내와 관아를 들이치는 일은 하지 않았다. 무장하는 것을 금하고 교단에 알리지 않고서는 집회를 하지 않도록 지침을 내렸다.

봉기하는 공주지역 동학도

1894년 6월 말부터 공주 인근 지역에서도 봉기 움직임이 활발하게 일어났다. 일부 농민군은 일본군의 철수를 요구하며 한양으로 향하겠다는 기세를 드러냈고, 회덕과 진잠(현 대전 유성구)에서는 무기고를 탈취하기도 했다.

7월 3일에는 드디어 공주의 대교(장기), 공수원(우성) 등지에서도 농민군 1천여 명이 모여 '위국위민'을 외쳤다. 당시 이인 반송의 농민군 책임자였던 김필수는 "지금 외국이 내침해 종사가 매우 위급하니 군대를 일으켜 한번 토벌해 환난을 평정하고자 한다."라며 군량과 마필, 총 등을 끌어모았다.

7월 12일, 우성에서는 '도인을 자처하는 자'들이 '보국안민'과 '척화거의'를 주장하며 시위를 벌였고, 충청감사에게 일본을 배척하는 창의에 나서겠다고 통지하는 동학 지도자들이 속속 등장했다. 8월 1일엔 정안 궁원에 동학교도 1만여 명이 모여 창검으로 무장하고 이튿날 공주 중심부로 진입했다. 이들은 충청감영 비장 출신인 대접주 임기준의 주도로 시위를 벌이다가 8월 3일에 물러나 금강 주변을 휩쓸고 다니며 감영군과 직접 전투 직전의 상태로 대치했다.

우금티에서 스러진 후천개벽의 꿈

공주 달동의 동학 책임자 장준환은 7백여 명의 동학교도를 거느리고 부여와 광천을 넘나들었다. 이들은 나중에 효포와 이인 전투에 참여했다. 관청만 점령하지 않았을 뿐이지 공주 대부분 지역을 농민군이 장악하거나 활보했다. 동학농민군이 활동하는 인근 지역의 양반과 권세가들은 안전한 곳으로 피신하거나 농민군을 토벌하기 위한 유회군을 조직해 스스로 방어 활동에 들어가기도 했다. 유림에서는 동학농민군을 '동비', '동적'이라고 규정하고 이러한 사태를 불러온 조정에 대해 날카로운 비판을 가하는 이들도 있었다.

마침내 내려진 기포령에 총궐기하다

전봉준을 비롯한 동학농민군 지도부는 9월 10일 일본을 배척한다는 뜻을 내세워 재봉기를 선언했다. 무장 활동을 반대해오던 교주 최시형도 9월 18일 총기포령을 내렸다. 그러자 충청도의 동학 조직은 일제히 각지에서 봉기했다. 10월 23일, 손병희가 지휘하는 충청도 북동부지역 농민군은 전봉준의 동학 조직이 집결한 논산으로 향했다. 반면 전라도의 김개남 부대는 금산을 거쳐 진잠과 회덕 일대로 올라와 청주성으로 진격했고, 손화중과 최경선의 부대는 나주 일대에 머물러 있었다.

무려 4만 명에 이르는 대대적인 연합부대를 형성한 동학농민군은 충청감영이 자리한 공주를 공략하기로 했다. 공주는 '구구십리'라는 말처럼 9개 군현을 구십 리 둘레 안에 두고 있어 세력 결집에도 용이했다. 공주의 감영에 입성하면 한양으로 진격하는 데 전략적 우위를 확보하는 것은 물론이고, 1차 봉기 때 전라감영이 있는 전주성을 점거하고 중앙정부와 협상했던 것처럼 협상력을 극대화할 수 있었다.

전봉준은 공주의 감영에 글을 보내 충청감사 박제순에게 "일본이 군대를 동원해 임금을 핍박하고 국민을 어지럽게 하는 것을 어찌 참을 수 있겠는가?"라며 일본군을 함께 몰아내자고 요구했다.

이때 도사 벼슬을 지낸 공주 유생 이유상이 유회군 2백여 명을 이끌고 논산의 동학농민군에 합류했다. 그는 "유도 수령으로 동학당을 치고자 왔으나 장군(전봉준)을 만나보니 감동되는 바 있어 협력하기로 했다"고 피력했다. 이유상은 공주 대전투에서 선봉장으로 맹활약했다. 그는 부여의 민준호가 유림 의병대를 조직해 농민군을 토벌하자고 권유하자, "왜를 토벌해 나라에 충성하자."라고 만류하고, 전봉준을 은밀히 해치려고 한 전임 여산부사 김원식을 처단하기도 했다. 10월 15일, 공주창의소 의장 명의로 충청감사 박제순에게 "청을 막자는 것은 대의를 멸시하는 것이고, 의병을 막자는 것은 그 계책이 잘못되었으며, 일본을 막자는 것은 임진왜란 이후 누군들 이러한 마음이 없었겠는가?"라고 통박하는 글을 보내기도 했다.

동학농민군은 공주 남쪽의 경천과 이인, 금강 북쪽의 대교와 궁원, 유구를 군사적 거점으로 삼았다. 유구·신풍·사곡 등 서삼면과 우성·

우금티에서 스러진 후천개벽의 꿈

정산 지역 농민군은 금강을 건너 이인에 전진기지를 둔 손병희·이용구와 함께 공주 대회전에 참여했다.

우금티 싸움의 전조, 효포 전투

이 무렵 공주에서는 농민군 진압을 위해 내려온 장위영·경리청·통위영의 정예부대인 경군과 일본군이 이미 방어선을 구축하고 있었다. 8월 16일 평양에서 청군을 크게 물리친 일본군은 '동학농민군을 모두 살육하라'는 훈령을 내리고 농민군을 남쪽 바다로 몰아 몰살하겠다는 '청야작전'까지 마련했다.

일본군은 직산-천안-예산을 거쳐 10월 24일~26일 공주에 잇달아 도착했다. 충청감영에는 조선 관군이 대략 3천2백 명, 일본군은 1개 중대가 집결했다.

논산에서 올라와 공주 경천점(현 계룡면 경천리)에 집결해 있던 동학농민군은 10월 23일 이인역과 효포 방향으로 군사를 나누어 공격을 시작했다. 동학농민군은 이인역 주변 산에, 일본군 선봉대 100여 명은 맞은편 산에 진을 치고 있었다. 치열한 공방전은 저녁 늦게까지 끝나지 않아 날이 어두워지자 양측은 공주의 감영과 경천점으로 각각 후퇴했다.

이날 밤 효포를 지키고 있던 관군이 대교리 쪽으로 이동하자 동학농민군이 효포를 장악했다. 하지만 대교리까지 진출했던 청산(옥천)·

영동 지역의 동학군 수만 명은 경리청 소속 경군에 크게 패배하고 말았다. 다음날인 10월 24일, 효포를 둘러싼 공방전이 치열하게 전개되었다. 효포 뒷고개 산마루를 중심으로 일진일퇴를 거듭하던 전투는 농민군의 거센 기세에 관군이 일단 물러서면서 마무리되었다.

10월 25일, 전봉준의 동학농민군은 효포에서 감영으로 넘는 고개인 웅치(곰티)를 향해 총공격에 나섰다. 양측이 화력을 총집중해 한낮이 지나도록 치열한 전투를 벌였다. 하지만 전날과는 달리 일본군 제 2중대 본대가 전날 공주에 도착해 선봉에 서고, 대교리에서 농민군을 물리치고 복귀한 부대가 합세해 전력이 대폭 강화되었다.

이날 전투가 끝난 후 웅치 골짜기, 시야산의 둔덕, 효포의 다리 주변에는 농민군의 시체가 수없이 널려 있었으며 피가 시내를 이뤄 흐를 정도였다고 한다. 남은 농민군은 경천점까지 도로 후퇴할 수밖에 없었다.

시산혈천이 된 우금티와 이인뜰

10월 23일부터 3일간의 전투 끝에 많은 피해를 입은 동학농민군은 논산에서 약 1주일간 부대 대열을 추스른 후, 11월 8일 다시 공주를 향해 진격했다. 우선 이인과 판치에 진지를 구축하고 있던 관군 부대를 맹공격해 뒤로 물러나게 했다. 동학농민군의 공격 기세에 놀란 관군-일본군 연합군은 우금티-금학동-웅치-효포 봉수대를 잇는 방어선을

우금티에서 스러진 후천개벽의 꿈

우금티 동학혁명군 위령탑 ⓒ 오재철

구축하고 방어 태세에 들어갔다.

11월 9일, 농민군은 동쪽으로는 판치에서부터 서쪽으로 봉황산 뒷편에 이르기까지 대략 30~40리에 걸쳐 병풍을 치듯 깃발을 꽂아 놓고 군세를 과시했다. 또한 금학동, 웅치, 효포 월봉 주변의 높은 봉에도 진을 치고 고함을 지르거나 포를 쏘며 공격할 기세를 취했다. 우금티를 중심으로 구축된 방어선을 좌우로 흐트러트리기 위한 작전이었다.

오전 10시, 마침내 동학농민군은 우금티를 향해 총공격을 시작했다. 우금티는 예로부터 날이 저물면 도적이 출몰하니 소를 끌고 넘지 말라는 험한 고개였다. 농민군은 지형지물을 이용해서 우금티에서 150m 가량 떨어진 산허리까지 접근하기도 했으나, 산등성이에서 쏘아대는 일본군의 신식 기관포 때문에 좀처럼 나아갈 수 없었다. 우금티를 향해 오르다가 밀리기를 40~50차례나 거듭했다.

"1차 접전 후 1만여 명의 군병을 점검했더니 남은 군사가 불과 3천 명이었고, 2차 접전 후 점고하니 5백여 명에 불과했다."라고 훗날 전봉준이 체포되어 신문을 받을 때 말한 것처럼 시간이 갈수록 농민군의 시체만 쌓여갔다. 남은 농민군은 기관포의 사거리 밖으로 물러날 수밖에 없었다. 우금티 전투를 끝으로 농민군의 물리력으로써 공주를 공략할 수 없음이 명백해졌다.

두 차례에 걸친 공주 전투에는 4만 명이 넘는 농민군이 참여했다. 전체 동학농민전쟁 중 최대 규모였다. 그런데도 동학군이 패배한 이유

우금티에서 스러진 후천개벽의 꿈

는 무엇보다도 무기에서 절대적인 열세 때문이었다. 일본군은 사거리가 수백 미터에 이르는 개틀링 기관총(회전포)과 스나이더 소총을 사용했다. 개틀링 기관총은 1분당 600발을 발사할 수 있었다. 농민군은 주로 활과 창, 농기구 등으로 무장하고 "시천주 조화정" "궁궁을을"이라는 주문을 외며 사실상 맨몸으로 달려들었다. 또한 지형상으로 공주는 공격보다는 방어에 유리한 곳이었고 일본군이 높은 곳에 이미 진지를 구축하고 있었는데도 주력군을 분산하거나 유격 활동을 벌이지 않고 정면 돌파전을 펼친 것은 큰 패착이었다.

동학농민군은 2차에 걸친 공주 대전투에서 총력을 쏟아부었지만 크게 패배함으로써 '척왜'와 '보국안민'의 기치 아래 전개된 동학농민전쟁은 사실상 막을 내리게 되었다.

4일간의 처절했던 우금티 전투에서 참패한 농민군은 이인·경천을 거쳐 11월 12일 노성(논산)까지 후퇴해 진영을 추슬렀다. 전봉준은 대일 연합전선을 호소하는 격문을 발표했지만, 결국 토벌대의 공세에 밀려 전북까지 후퇴를 거듭했다.

우금티 전투 첫날, 감영을 배후에서 공격하려던 하고개 전투에서 죽은 시체를 대량으로 수장한 '송장배미'(용못), 길을 닦다가 해골이 여러 바지게가 나왔다는 하고개, 점심을 먹다가 일본군에게 몰살당한 농민군이 즐비해 공동묘지가 되었다는 승주골·은골·방축골 등의 가슴 아픈 이야기가 공주 지역 곳곳에 지금까지 전해져 온다.

동학은 어떻게 사람들의 마음을 얻었나

동학 창시자 최제우(1824~1864)는 1860년, 유불선의 교리를 종합해 동학을 창시했다. 서학과 이양선 등 서양 세력의 위세와 당시 세금 제도의 혼란스러운 상황이 겹치면서 위기에 처한 민중을 구제하겠다는 뜻이었다. 최제우는 자기 노비들을 해방해 자식으로 삼았고 신자들에게는 신분을 뛰어넘어 맞절하게 했다. 그러나 그는 세상을 어지럽혔다는 혐의로 1863년 12월, 대구의 감영에서 처형되었다.

2대 교주 최시형은 '최보따리'라는 별명이 붙을 정도로 탄압과 감시를 피해 전국 각지를 신출귀몰하며, 동학의 교세를 전국적으로 넓혔다.

동학은 '사람이 본래 한울이니 사람 섬기기를 한울님을 섬기듯이 하라', '나라를 돕고 백성을 편안케 하라', '널리 민중을 구제하라' 등을 중심 교리로 가르쳤다. "모든 사람은 평등하다. 누구나 자기 안에 천주, 즉 한울님을 모시고 있기 때문이다. 사람이 만든 신분과 계급이라는 기준이 하늘이 내린 평등을 막을 수 있겠는가." 하는 말에 천한 신분을 가진 자, 가난한 자, 양반 지배층에게 핍박받고 천대받던 사람들이 몰려들었다.

최시형, 손병희가 공주를 찾은 이유

1880년대 이후 최시형은 여러 차례 공주를 찾았다. 유구·마곡의 십승지, 이른바 유마지간과 무성산 인근에 상당한 교세를 형성하고 있었기

우금티에서 스러진 후천개벽의 꿈

송장배미

에 가능한 일이었다.

최시형은 1884년 10월, 마곡사에 부속된 북가섭암에서 손병희·박
인호 등과 함께 49일 기도를 올렸고, 1885년 6월, 관군의 추적을 피해
마곡으로 재차 숨어들었다. 1890년 12월부터 1년간은 사곡 신평리(신
영리) 윤상오의 집과 정안 운궁리에 은신 겸 기도처를 마련하고 손병
희·김연국·손천민 등과 함께 수련하며 포교 활동을 벌였다. 이때 전국
곳곳의 동학 지도자들이 공주 땅에 머물러 있는 교주 최시형을 비밀

리에 찾아왔다.

1892년 10월 공주에서 교조 최제우 신원운동이 대규모로 일어난 것도 이러한 배경에서였다. 최시형은 "교조 신원의 대의에 적극적으로 참여하라."라는 요지의 입의통문을 전달한 후 공주의송소를 설치했다. 이곳에 집결한 서병학·서인주 등 각 지방 접주들과 교도 1천여 명은 교조 최제우의 신원과 동학에 대한 탄압을 중지할 것을 요구하는 의송단자를 작성해 충청감사 조병식에게 보냈다. 조병식은 신원 요청은 거부했지만, 동학도에 대한 단속과정에서의 폐단은 멈추도록 각 고을에 조처했다.

1894년, 황해도 팔봉의 동학 포교책임자로서 황해감영을 공격한 선봉장이었던 김창수(1876~1949, 김구로 개명)도 이 무렵에 공주 마곡사에 숨어들었다. 그는 1896년 3월, 황해도 안악 치하포에서 일본인 쓰치다 조스케를 죽이고 인천 감옥에서 사형수로 복역하다 탈옥해 1898년 늦가을에 공주까지 왔다. 그는 마곡사 백련암에서 머리를 깎고 원종이라는 법명으로 8개월 동안 은신, 수도하다가 이듬해에 고향 해주로 돌아갔다.

동학농민군의 원혼이 떠도는 우금티 옛 싸움터에는 1973년 '동학혁명군 위령탑'이 세워졌다. 이곳은 우금티 전투가 벌어진 때로부터 100년이 지난 1994년에야 국가 사적으로 지정되었고, (사)동학농민전쟁우금티기념사업회가 매년 11월 위령제를 지내고 있다. 정부는 2019

우금티에서 스러진 후천개벽의 꿈

년부터 5월 11일을 동학농민혁명 기념일로 제정했다. 이날은 1894년 정읍 황토현에서 농민군이 관군과 전투를 벌여 대승을 거둔 날이다.

공주의 동학농민운동 관련 유적 및 유물

- 공주 우금티 전적 / 사적 제387호 / 공주시 금학동 산 78-1
- 용못(송장배미) / 공주시 향토문화유적 기념물 제4호 / 공주시 웅진동 247
- 북가섭암 / 공주시 사곡면 운암리 77-3

교육과 선교로
공주의 근대를 연 우리암

1906년 영명남학교 창립한 우리암

프랭크 윌리엄스(1883~1962)는 미국의 감리회 소속 선교사로 미국 콜로라도주 덴버에서 태어났다. 그는 공주에서 선교 활동을 하며 '우리암(禹利岩)'이라는 이름을 사용했다.

1906년 10월, 우리암은 부인 엘리스 베이튼(우애리시)와 함께 공주에 왔다. 그는 로버트 샤프 선교사가 불의에 사망한 후 명맥이 끊어진 공주 선교학교의 재건을 먼저 서둘렀다. 폐교된 중흥학교 시설을 확충하고 배재학당 출신 윤성렬을 교사로 초빙해 학교를 다시 열었다. 당시 교사는 우리암과 윤성렬 단둘이었고 학생은 15명이었다.

당시의 기독교 선교 활동은 교육과 의료사업을 통해 공주 사람들에게 근대의 의미와 필요성을 강하게 심어주었다. 영명학교는 초창기에는 교회 내 학교 형태였으나 감리회 공동체의 지원과 지역사회의 후원으로 점차 독립적인 학교법인으로 성장해 나갔다.

1907년 4월, 공주에서는 대규모 부흥운동이 일어나 신자 수가 크게 늘어났는데, 1908년 당시 공주군에는 신·구교를 망라해 교회가 22개, 신자가 1,730명이었다고 한다.

"어두운 세상 밝히는 빛이 되라"

영명은 '영원한 빛(Eternal Brightness)'이라는 말로 '어두운 세상을 밝히는 영원한 빛이 되어라.'라는 뜻이 담겨 있다. 우리암 교장은 신앙인, 애국인, 교양인, 기능인을 기른다는 4대 교육 목표를 제시했다. 제2항은 "나라와 겨레를 위해 몸 바치는 애국자를 기른다."라는 목표를 포함하고 있다. 국권을 빼앗기는 위기 상황에 있던 때, 기독교는 민족공동체의 앞날을 함께 고민했음을 알 수 있다.

초기의 학제는 6년제 초등 과정이었고, 학교 건물은 흙으로 지은 초가집이었다. 재정의 대부분을 선교회의 보조금으로 운영했다. 우리암 교장의 노력 끝에 3년 후에는 학생이 50명으로 크게 늘

우리암 교장과 부인 우애리시

었다. 1908년에 드디어 제1회 졸업생 3명을 배출했다. 그중 황인식은 평양 숭실학교에서 수학하고 모교 교사로 돌아와 후배들을 가르쳤고, 안사영은 세브란스 의학교로 진학해 의사가 되었다.

1909년 7월, 대한제국의 공식 허가를 받았다. 이때 심상(4년), 고등(3년) 두 과가 설치되었다. 오늘날로 치면 초등학교와 중학교에 해당한다. 졸업생들은 영명학교를 마친 후 경성과 평양의 상급 학교로 진학해 더 높은 수준의 교육을 받는 경우가 많았다.

우리암은 1934년 영명남·녀학교를 통합할 때 통합 교장이 되었고, 이후 1940년에 일제에 의해 강제 추방될 때까지 총 35년간 영명학교의 교장으로 일했다.

공주 선교역사의 시작

공주에는 1896년까지 충청도 전체를 관할하는 충청도관찰사가 주재하는 충청감영이 있었고 그때부터 1932년까지는 충남도청이 있었다. 따라서 공주는 충청도 선교 활동의 중심부가 될 수밖에 없었다.

가장 먼저 침례교단의 파울링, 스테드맨 선교사가 1896년 공주 침례교회(현 꿈의 교회)를 세웠다. 가장 활발한 선교 활동을 벌인 것은 감리교단이었다. 공주에 처음 온 감리교 선교사는 1896년 수원·공주 교구에 파견된 스크랜턴이었다. 이어 1898년 스웨어러(서원보)가 파견되었다. 1903년에 맥길, 1904년에 로버트 샤프 선교사가 파송되었다. 그들은 공주를 중심으로 경기 남·동부와 충청남북도를 순회하며 선교 활동을 벌였다.

의료 선교사인 맥길 부부는 1903년 7월, 하리동(현 기독교사회복지관 부근)에 초가집 예배당(공주제일교회의 전신)과 진료실을 만들었다. 1905년에는 교통의 요지였던 계룡면에 경천교회를 설립했다. 당시 미국 감리교회는 특히 의료와 사회복지사업에 중점을 두었는데, 건축에 재능이 있던 맥길은 하리동에 서양식 주택을 짓고 집을 구경하러 온 주민들에게 커피, 과자와 함께 쪽 복음서를 나눠주었다고 한다.

공주에 정착하기 시작한 선교사들은 영명동산 인근에 교회와 영

선교사의 집 © 오재철

명남·녀학교는 물론, 공주유치원(1920), 방은두 병원(1923), 중앙영
아관(1924)을 차례로 건립했다. 현재 남아 있는 '선교사의 집'도 이
시기에 지었다.

'순교자' 로버트 샤프

우리암에 앞서 샤프 선교사 부부의 피땀 어린 노력이 있었다. 로버
트 샤프(1872~1906)는 캐나다 출신으로, 1903년 5월에 조선에 들어
와 이화학당에서 활동하고 있던 앨리스 해먼드(1871~1952)와 결혼
했다.

　샤프 부부는 1904년 공주로 파송되었다. 샤프의 활동무대는 공
주는 물론 군산과 강경(논산)에서부터 충북 청주, 충주, 보은 등까
지 충청도 전역에 이를 정도로 넓었다. 그
는 공주교회 내에 '명설학교'를 설립했다.
이는 충청도 최초의 근대학교로서 나중에
'중흥학교'로 이름을 바꿨다.

　'사애리시 부인'으로 불렸던 앨리스 해
먼드 샤프는 미국 여선교회 소속으로,
1905년 공주에 명선여학교를 설립했다.

로버트 샤프

공주의 인물을 만나다

선교사 묘역 © 오재철

충청도 최초의 여성 교육기관으로서 1909년에 '영명여학교'로 개칭했다.

샤프는 논산에 교회를 연 지 이태째 되던 1906년 2월 말, 선교활동을 위해 논산에 갔다가 이질에 걸렸다. 공주로 돌아오는 길에 쏟아지는 눈보라를 피해 들어간 곳이 하필 상엿집이었다. 장티푸스에 걸려 죽은 시신을 운반했던 상여에서 병균이 옮아 샤프는 공주에 정착한 지 1년 만에, 34세의 나이로 세상을 떠났다. 그는 영명동산 뒷편, 공주 시내가 한눈에 들어오는 곳에 묻혔다.

열사 류관순을 길러낸 사애리시

불의의 사고로 남편을 잃은 사애리시는 미국으로 돌아갔다가 1908년 다시 공주에 왔다. 그는 "남편이 묻혀있는 공주에서 남편이 하던 일을 계속하겠다."라며 이후 30년 넘게 공주를 지키면서 남편의 후임인 우리암을 묵묵히 받쳐주었다.

사애리시는 공주뿐만 아니라 논산에 영화여학교와 만동여학교, 황금정유치원, 진광남학교를 설립했는가 하면 홍성에는 홍성유치원을 설립해 운영하게 했다. 1938년 9월 5일자《동아일보》는 그의 활동에 대해 "공주, 천안, 논산, 입장, 아산, 둔포, 경천 각지에 학교를 설립하고 대전, 공주, 논산에 유치
원을 경영해 수많은 영재를 길러내어
그의 공적이 막대하다."라고 보도하고
있다.

그는 오늘날 3.1운동의 상징으로
불리는 류관순 열사를 찾아내 헌신적
으로 후원했다. 1914년에 천안 병천
에 살던 류관순을 영명여학교로 데려

사애리시

와 2년간 가르친 후 자신이 근무했던
이화학당으로 진학시켰다.

영명여학교는 1913년에 6명의 첫 졸업생을 배출했다. 1915년에
는 고등과(3년제)를 인가받았고, 1927년에 영명여자보통학교로 정
식 인가를 받았다. 1932년에는 영명남학교와 함께 영명실수학교
로 통합되었다.

사애리시는 영명여학교에서 한국의 여성사에서 주목할 만한 역
할을 한 인재를 많이 길러냈다. 영명여학교에서 교사로 근무하고
자유당 정부에서 상공부 장관을 지낸 임영신, 한국전쟁 당시 대구
에서 최초의 여자 경찰서장을 역임한 노마리아(1회), 영명여학교 음
악교사이자 성악가 박화숙(1회), 최초의 여성 목사인 전밀라(4회),
4.1 공주 장날 만세 시위에 참여해 옥고를 치렀으며 서대문형무소

교육과 선교로 공주의 근대를 연 우리암

에서 옥사한 류관순의 유해를 인수해 장례를 치른 김현경(2회) 등이
대표적이다.

　공주지역 목회자와 신도들은 사애리시가 66세가 되던 1938년,
그의 활동을 기념하기 위해 영명학원에 '사애리시 선교 기념비'를
건립했다. 사애리시는 1940년, 일제에 의해 추방될 때까지 공주 지
역 여성들의 교육과 삶의 질 향상을 위해 헌신적으로 활동했다.

공주 장날 독립만세를 외치다

영명학교의 교사나 학생 출신으로 항일 독립운동에 참여한 이들이
적지 않다. 그중 가장 빛나는 업적은 공주의 3.1운동을 주도한 것이
다. 1919년 4월 1일, 공주 읍내 장터에서 벌인 만세 시위는 현석칠
목사를 필두로 한 감리교인들과 영명학교의 교사와 학생들이 뜻을
모은 것이다. 그들은 장날 오후 2시를 기해 대한독립만세를 외치고
미리 인쇄한 독립선언문 수천 부를 배포했다. 그러잖아도 식민당국
에서 껄끄럽게 생각하던 영명학교는 문을 닫을 수밖에 없었다. 그해
가을이 되어서야 훨씬 적은 수의 학생으로 다시 문을 열 수 있었다.

　우리암은 정치와 멀리하라는 본국의 선교 활동 지침을 의식하면
서도 조선 민족에 대한 동정심을 가지고 교사와 학생들의 울타리

역할을 해주었다. 우리암이 초빙한 교사들 또한 학생들의 민족의
식을 고취했고 때로는 행동으로 앞장섰다. 김관회, 이규상, 현언동,
김수철, 황인식, 주병건, 안신영 등이 그들이다.

영명학교 학생 출신으로 독립유공자 표창을 받은 사람은 류관
순, 조병옥, 류우석, 윤창석, 노명우, 안창호, 김현경, 강윤, 오익표,
조화벽, 정환범, 신현창, 안신영, 이규남, 이규상 등이며, 교사 출신
으로는 이규갑, 이애일라, 조화벽, 신현구 등이 있다.

실업학교 전환을 위한 노력

우리암은 1927년부터는 영명남학교와 여학교를 실업학교로 전환
하는 일을 추진했다. 복음의 사회적 실천을 중시하는 '에큐메니칼
운동(교회일치운동)'으로 감리교의 선교정책이 변화한 데 따른 것이
다. 그는 안식년을 기해 13개월간 미국의 농업전문학교에서 실업
교육 지도자 과정을 수료하고 돌아왔다.

영명학교의 모금 활동에 성보영, 방기순, 서덕순을 비롯한 공주
지역 인사들이 적극적으로 협조해 12,500원의 기금을 모을 수 있
었다. 우리암은 경천교회와 함께 보리밭 3천여 평을 경작하기도 했
다. 우리암 교장의 꾸준한 노력으로 1932년 3월, 2년제 실업학교

(영명실수학교)로 정식 인가를 받았다. 영명학교에서는 1920~30년 대부터 학생 YMCA를 조직해 야학과 영어 강습소를 운영했고 여름방학 때에는 농촌 봉사활동에 주력했다. 학교에서 배운 농업, 축산, 목공, 기계, 제화, 요리, 직조, 자수 등 실업교육을 바탕으로 한 봉사활동은 농민들로부터 많은 호응을 받았다.

우리암은 1927년, 《동아일보》에 의해 '조선의 자랑, 사계의 중진'에 선정되었다. 민간교육계 경영자 23인 중 충남에서는 한 명이었다. 일제 또한 그의 공로를 인정해 1935년 '조선총독부 시정 25주년'을 맞아 교육 부문 공로로 표창하고, 이듬해 6월에는 조선 총독 미나미가 영명학교를 방문하기도 했다.

선교사 추방령과 폐교

일제는 1937년부터 조선어 사용을 일절 금지하고 창씨 개명을 압박했다. 미국·영국계 선교사들이 설립한 학교는 적국인들이 교육을 한다고 해서 폐교하도록 압박했다. 일제의 선교사 추방령과 신사 참배 강요 등으로 미국 정부는 1940년 10월, 자국 선교사의 철수를 명령했다.

1940년 11월 24일, 우리암은 조선을 떠나 새로운 선교지로 선택한 인도로 갔다. 그는 자신의 승용차를 팔아 마련한 3천 원을 영명학교에 기부하고, 미국 감리교 선교본부에도 2천 원을 지원해달라고 마지막으로 요청하는 편지를 보냈다.

1945년 해방이 되자 우리암은 미 군정청 농업정책고문으로 한국에 돌아왔다. 큰아들 조지(우광복)의 덕택이었다. '광복'이라는 이름은 아버지 우리암이 조선의 광복을 염원하며 지어주었다. 그는 공주에서 태어나 17세까지 자라다가 미국에서 의과대학을 마치고 해군 중령이 되어, 하지 사령관의 보좌관으로 한국의 미 군정청에 파견되었다.

우광복이 하지 사령관에게 추천하여 우리암의 영명학교 제자들이 관직에 대거 진출했다. 즉, 황인식(1회, 초대 충남도지사), 조병옥(2회, 경무국장), 정환범(7회, 주일 대사), 박종만(9회, 제2대 충남도지사), 양재순(11회, 충남도 보사국장) 등이다.

 우리암 관련 유적 및 유물

• 중학동 구 선교사 가옥 / 등록문화재 제233호 / 공주시 중학동 9-1

• 공주제일교회 / 등록문화재 제472호 / 공주시 봉황동 10

• 선교사 묘역 / 공주시 옥룡동 산 33

• 우리암 동상, 사애리시 선교 기념비 / 공주시 중학동 영명중고등학교 내

교육과 선교로 공주의 근대를 연 우리암

영명학당에서
애국의 씨앗을 틔운 류관순

영명여학교 보통과 2년간 수학

류관순(柳寬順, 1902~1920)은 1902년 12월 16일, 충남 목천군 이동면 지령리(지금의 천안시 병천면)에서 태어났다. 일찍이 할아버지 때부터 기독교 신앙을 갖게 된 집안으로 아버지 류중권, 어머니 이소제 모두 독실한 신자였다.

류관순이 13세 되던 1914년, 앨리스 해먼드 샤프(사애리시) 선교사가 지령리를 찾아왔다. 그곳의 감리교회에서 열린 부흥회에 참석했던 사애리시는 소녀 류관순에게 "공부하기를 원한다면 경성의 이화학당에 주선해 줄 것이니 먼저 공주 영명여학교에서 교육을 받아보면 어떻겠느냐."라고 권유했다. 류관순은 그 다음날로 사애

영명학원에 세운 류관순과 샤프, 사애리시의 동상 © 오재철

리시를 따라 공주에 오게 되었다.

일찍이 류관순과 같은 마을의 조병옥이 1906년부터, 사촌오빠인 류경석은 1910년부터 영명남학교를 다녔다. 류관순은 영명동산에 있던 사애리시의 집에서 함께 살면서 학교를 다녔다. 주일에는 공주제일교회에서 예배를 보고, 방학 때면 공주를 비롯한 충청도의 각지에서 선교 봉사활동을 펼쳤다.

류관순이 영명여학교 보통과에서 수학한 기간은 2년이다. 감리교 선교사들은 그에게 서양식 근대교육과 기독교적 세계관을 확고하게 심어주었다. 류관순이 일본에 대한 저항을 행동화할 수 있는 정신의 싹을 공주 영명여학교에서 틔운 것이다.

류관순은 1916년 4월, 영명여학교 보통과 3학년 때 이화학당 보통과 3학년으로 편입해 상경했다. 사애리시가 공주에 오기 전 자신이 근무하던 곳이었기에 장학생으로 추천한 것이다. 류관순의 사촌언니 류예도도 그의 주선으로 1년 먼저 이화학당에서 공부하고 있었다. 보통과를 마친 류관순은 1918년 이화여고보 고등과에 진학해 1919년 4월이면 2학년이 될 예정이었다.

이화학당에서 만세시위 참여

1919년 3월 1일 서울시 종로에 있는 파고다공원(현 탑골공원)에서 일어난 만세 시위대가 정동의 이화학당에 이르자 류관순은 친구들과 담을 넘어 시위에 합류했다. 3월 5일 서울역 앞에서 수만 명이 모였던 2차 대규모 만세운동에도 적극적으로 참여해 붙잡혔다가 이화학당이 교섭해 풀려났다.

조선총독부가 전국 학교에 휴교령을 내리자 류관순은 3월 13일 천안으로 귀향했다. 그는 아버지 류중권과 숙부 류중무, 조인원(조병옥의 부친) 등과 만세시위를 일으키기로 했다. 3월 14일부터 31일까지 류관순은 일경의 눈을 피하기 위해 머리에 수건을 쓰고 각 마을과 학교, 교회를 찾아다니며 사람들에게 천안에서 만세시위를 하자고 설득했다. 천안 개신교 교회와 유림계 등은 4월 1일 아우내(현 병천면 소재지) 장날 만세시위를 착착 준비했다.

3월 31일 저녁, 류관순이 집 뒤 매봉산에 올라 봉화를 올리자 목천, 천안, 안성, 진천, 연기, 청주 등 여섯 고을에서 일제히 호응했다. 마침내 4월 1일 오후 1시, 아우내 장터에 모여든 3천여 명은 조인원이 독립선언문을 낭독하자 일제히 "대한독립만세!"를 외쳤다. 류관순은 장대에 매단 큰 태극기를 든 채 시위 대열을 이끌었다. 일본 헌병경찰들이 앞장선 류관순의 옆구리를 칼로 찔렀다. 이를 아

영명학당에서 애국의 씨앗을 틔운 류관순

버지 류중권이 막아서다가 그 또한 여러 곳을 찔려 쓰러졌다. 빈사 상태에 빠진 류중권을 업고 일행은 주재소로 몰려갔다. 류관순은 "우리는 나라를 찾기 위해 정당한 일을 하고 있는데 왜 무기를 사용해 우리 민족을 죽이느냐?"라고 외쳤고, 헌병경찰이 총까지 들이대자 "죽이려면 죽여 보라!"며 격렬하게 항의했다.

　주재소 근처에는 1천 5백여 명의 군중이 모여 들었다. 헌병경찰들과 군중들이 거친 몸싸움을 벌였고 마침내 헌병경찰들이 총을 쏘기 시작했다. 많은 사상자를 남기고 시위대는 후퇴했다. 군중들은 천안·병천 간의 전화선을 절단하고 전신주 1개도 쓰러뜨렸으며, 갈전면 사무소와 우편소를 습격했다. 얼마 안 있어 지원병력이 도착해 시위대에 총격을 가했다. 시위대는 일순간 흩어졌다가 다시 돌멩이를 던지며 맞섰다. 이날 류관순의 부모를 비롯해 19명이나 목숨을 잃고 수십 명이 부상을 입었다. 류관순은 피신했다가 며칠 후 집에서 체포되어 공주경찰서에 이감되었다.

공주감옥 수감과 1심 재판

아우내 장터 시위가 있던 4월 1일은 류관순 가족에게 피의 역사나 다름없는 날이었다. 이날 만세운동으로 부모가 죽고, 오빠 류우석

공주제일교회 © 오재철

도 같은 날 있었던 공주 장날 시위로 공주형무소에 수감되었다. 우석, 관순 남매가 감옥에서 만난 것이다. 이후 류우석(1899~1968)은 3.1운동 후 경성법학전문학교에 진학해 민족운동을 계속하다가 '조국수호회' 사건으로 퇴학당하고, 훗날 대한민국 임시정부 상공분과위원장으로 활동했다.

수형 중인 류관순

공주재판소에서 열린 1심 재판에서 류관순은 격렬하게 저항했다. 그는 논리정연하고 당당하게 주장했다.

"제 나라 독립을 위해 만세를 부르는 것이 왜 죄가 되느냐? 죄가 있다면 불법적으로 남의 나라를 빼앗은 일본에게 있는 것이 아니냐? 입이 있어도 말할 수 없으며, 귀가 있어도 들을 수 없으며, 눈이 있어도 볼 수 없는 이 지옥 같은 식민지 지배에 죄가 있는 것이 아니냐? 자유는 하늘이 내려준 것이며 누구도 이것을 빼앗을 수 없다. 무슨 권리로 신성한 인간의 권리를 빼앗으려 하느냐? 나는 죄인이 아니다. 나는 도둑을 몰아내려 했을 뿐이다. 당신들이 남의 나라를 빼앗았는데 도둑이 아니고 무엇이란 말이냐!"

1919년 5월 9일, 공주지방법원은 소요죄와 보안법 위반죄로 류관순, 류중무, 조인원 세 사람에게 징역 5년의 중형을 선고했다. 아우내 만세 운동 주도자들은 경성의 복심법원에 공소를 제기해 서대문형무소로 이송되어 2심 재판을 받았다. 1919년 6월 30일, 복심법원 형사부 재판장은 류관순에게 1심 형량보다 낮춘 징역 3년형을 언도했다. 류관순은 "삼천리강산 어디인들 감옥이 아니겠는가?"라며 최종심인 고등법원 상고를 포기했다.

옥중에서도 만세를 부르다

서대문형무소에서 류관순은 틈만 있으면 독립만세를 높이 외쳤다. 그때마다 형무관에게 끌려가 모진 악형을 받았다. 당시 서대문형무소의 정원은 5백 명이었는데, 3.1운동 후 급증한 기결수, 미결수를 합해 3천 명이 넘게 수용되어 있었다. 1920년 3월 1일, 3.1만세운동 1주년을 맞아 류관순은 감옥 내 만세시위를 주도했다. 이때 그는 방광이 파열될 정도로 극심한 체벌과 함께 생체 실험 수준의 참혹한 고문을 받았다.

잦은 고문으로 인한 상처와 방광 파열이 겹친 류관순을 일제 당국은 제대로 치료하지 않고 방치했다. 결국 류관순은 1920년 9월

영명학당에서 애국의 씨앗을 틔운 류관순

28일 감옥 안에서 숨졌다. 그의 처참한 유해는 보름이나 지난 뒤, 4.1 공주 장날 만세 시위로 체포돼 공주감옥에서 함께 복역했던 김현경(영명여학교 2회 졸업생)이 아펜젤러 목사와 함께 인수했다. 이화학당 보육과에 다니고 있던 김현경은 밤새 수의를 지어 정동교회에서 류관순의 장례를 치렀다.

류관순의 독립정신이 태동된 공주에서의 행적은 오랫동안 묻혀 있다가 뒤늦게 알려졌다. 2015년 2월, 국가보훈처는 류관순의 공훈록에 다음 사항을 추가 기록했다.

○ 1914년, 사애리시 선교사의 주선으로 공주 영명여학교 보통과에 입학해 수학하였다.
○ 1916년, 공주 영명여학교 보통과 2년을 마치고 경성의 이화학당 보통과 3학년에 교비생으로 편입학하였다.

류관순 관련 유적 및 유물

• 중학동 구 선교사 가옥 / 등록문화재 제233호 / 공주시 중학동 9-1
• 공주제일교회(기독교박물관) / 등록문화재 제472호 / 공주시 봉황동 10
• 사애리시 선교 기념비 / 공주시 중학동 영명중고등학교 내

2019년 3월 류관순은 3.1운동 100주년을 맞아 건국훈장 대한민국장을 추서 받았다. 3등급인 독립장에서 1등급으로 품격이 올라가게 된 것이다. 독립운동의 상징으로서 청소년의 대다수가 가장 존경하는 독립투사인 류관순 열사의 서훈을 최고로 올려야 한다는 국민들의 청원이 잇따른 데 대해 정부가 응답한 것이다.

영명학당에서 애국의 씨앗을 틔운 류관순

공주의 항일 독립운동

-

한일 병합 이전의 구국 의병항쟁

1894년 겨울, 일제는 동학농민군을 우금티에서 궤멸시키고 청나라를
조선 땅에서 몰아낸 후, 이듬해 8월 경복궁에 난입해 고종비 민씨를
살해했다. 이어 친일내각을 통해 단발령을 공포하고 시행했다. 이에
유생과 백성들의 목숨을 건 의병투쟁이 전국에서 일어났다. 1896년까
지 지속된 이 항쟁을 '을미의병'이라고 부른다.

1905년 을사늑약이 체결되어 조선이 존망의 위기에 처하고 1907년
정미7조약으로 광무황제(고종)가 퇴위하고 군대가 해산되자 다시 전국
적 의병항쟁인 '정미의병'이 일어났다. 충청도에서는 1차 홍주 의병(을
미의병), 2차 홍주 의병(정미의병)이 활발했고, 공주 지역에서도 1907년
에 2회, 1908년에 14회, 1909년에 2회 등 3년간에 걸쳐 항쟁이 지속적

으로 있었다.

우금티 전투 다음해인 1895년 9월 '유성 의병'이 일어났다. 공주부에서 진잠현감을 거쳐 양호소모사로 근무했던 무관 문석봉 (1851~1896)이 고종의 왕비가 일본인들에게 시해되자 나라의 원수를 갚겠다며 의병을 일으킨 것이다. 그 선봉장을 맡은 **김문주**가 바로 공주 사람이다. 유성 장터에서 모인 1천여 명의 의병들은 회덕현을 들이쳐 무장하고 공암을 거쳐 공주 관아를 공략하기 위해 진격했다. 하지만 상왕동까지 왔을 때 매복하고 있던 관군과 일본군에 패하고 말았다.

우성면 보홍리의 선비 **이상린**(1857~1945)은 1895년 8월, 민비 시해와 함께 변복령·단발령 등 친일 개화정책이 공포되자 전 승지 김복한을 지도자로 앞세워 홍주 의병을 일으켰다. 그해 12월 체포된 이상린·김복한·이설·홍건·안병찬·송병직 등 '홍주 의병 6의사'는 한성으로 압송되어 징역 3년을 선고받았다. 1905년 을사늑약이 체결되자 이상린은 경복궁 앞에 가서 늑약을 무효로 할 것을 상소했다. 그는 일제의 국권 침탈이 노골화하자 제자들과 함께 북간도로 넘어가 공교회를 설립하고 독립정신 고취에 힘썼다.

이상린의 아우 **이상두**(1859~1927)는 1906년 4월에 일어난 제2차 홍주 의병에 좌익장으로 참여했다. 1천여 명의 의병은 일본 경찰과 헌병대, 공주 진위대에서 파견한 관군 등을 물리칠 정도로 기세가 거셌다. 그러자 통감 이토 히로부미가 일본군 보병 2개 중대와 기병대를 급파해 열흘간의 치열한 전투가 벌어졌다. 의병 대부분이 죽고 145명이 체포되었다. 이상두는 징역 15년형을 선고받고 쓰시마에 2년 6개월 동안 유배되었다.

이칙(1873~1936)은 우성면 봉현리에서 태어나 옆 마을에 정착한 면암 **최익현**(1833~1906)의 문하에서 공부했다. 을사늑약 체결 후 일어난 민종식 의병에 참여해서 홍주성에서 열흘간 싸우다 체포되어 종신 징역형을 받고 쓰시마에 유배되었다. 그의 스승 최익현도 1906년 전라도 태인 무성서원에서 의병을 일으켜 싸우다 체포되어 쓰시마에 구금되었다. 최익현은 쓰시마에서 단식 끝에 순절하고 이칙은 1909년에 귀환했다. 1912년 독립의군부를 조직해 전국을 무대로 활동하다가 1914년 5월 체포되어 다시 옥고를 치렀다.

충청과 호남을 무대로 한 의병

일제에 저항하며 나라를 지키려는 공주 출신 의병들의 활동은 지속되었다. **이사건**은 1907년 고종 강제 퇴위와 군대 해산을 계기로 공주·청양 일대에서 의병투쟁을 벌였다. 1907년 12월, 1백여 명의 의병과 함께 정산의 경찰 주재소와 우편소를 공격해 파괴했다. 일제 군경의 집중 추적을 받던 그는 이듬해 2월 고향 공주에서 죽임을 당했다.

이춘성(1876~1909)은 남부면 고상아리(현 공주시 중학동) 사람으로 1908년부터 부여·청양·보령·아산 등지를 무대로 의병 투쟁을 벌였다.

순사 주재소를 습격하고 군자금을 마련하는 활동을 벌이다 체포된 그는 1909년 교수형을 받았다.

이원선(1877~1910)은 1908년 전남 광주에서 봉기한 조병환 의병의 우익장으로 활약했다. 영광·함평·나주·장성 등지에서 일본 헌병대와 교전하는 등 무장 투쟁을 벌이다가 1909년 7월에 체포되어 죽임을 당했다.

우성면 동곡리 사람 **노원섭**(1877~1950)은 을사늑약이 체결되자 공주 용당에서 의병을 모아 덕유산을 근거로 일본군과 싸웠다. 1907년 9월, 150명의 병력으로 금산의 일본군을 공격하고 우편국·세무서 등을 불태웠다. 이듬해 체포된 그는 12년형을 받고 추자도에 유배되었다가 1910년 한일병합 이후에 풀려났다. 1919년 3.1운동에 참여하고 그해 6월 전남 나주에서 대한민국 임시정부 관련 문서를 배포하며 군자금을 모으다 체포되어 다시 1년의 옥고를 치렀다.

사곡 호계리에서 태어난 **심원택**(미상~1913)은 1907년, '황실 존중' '청년교육' '동양평화'를 활동 목표로 내걸고 '동우회'라는 민족운동단체를 결성했다. 그해 6월, 고종은 네덜란드 헤이그에서 열리는 만국평화회의에 '을사조약 무효'를 주장하기 위해 이상설·이준·이위종을 몰래 파견했다가 퇴위 압박을 받게 되었다. 이에 심원택은 대한자강회 등과 함께 결사대를 조직하고 7월 18일부터 서울 도심에서 규탄 시위를 벌였다. 종로의 상가가 모두 문을 닫고 수천 명의 군중이 대한문 앞에 모여 철야 규탄 집회를 벌였다. 일진회의 기관지인 국민신보사와 파출소 등을 때려 부수고 일제 헌병경찰과 싸우면서 많은 사람이 죽고 다쳤다.

7월 24일, 정미7조약이 체결되어 대한제국 군대를 해산하고 사법권과 경찰권을 통감부에 넘기게 되었다. 이에 심원택은 친일파 이완용·이근택의 집을 불태워버리고 파출소 등을 습격했다. 결국 체포된 그는 10년 형을 받고 남해의 섬에 유배되었다.

자결 순국과 통치 거부 운동

오강표(1843~1910)는 사곡면 월가리 도덕골에서 태어났다. 성리학의 대가였던 전재 임헌회와 간재 전우의 문하에서 수학한 유림이었다. 그는 을사늑약이 체결되었다는 소식을 듣고 격분해 을사5적을 처벌하라는 상소문을 지어 충청도관찰사 이도재에게 보냈다. 관찰사가 상소문을 조정에 올리기를 거부하자 공주향교 명륜당에 들어가 대성통곡하고 아편을 삼켜 자결을 시도했다. 하지만 사람들에게 일찍 발견되어 뜻을 이루지 못했다.

1910년 합방조약이 체결되자 11월 17일 공주향교 명륜당에 절명사를 붙이고 강학루 들보에 목을 맸다. 그가 마지막으로 남긴 말은 "어찌 분노와 원한을 참고 왜놈에게 허리를 굽힐 수 있으랴. 원컨대 2천만 동포는 총궐기해 주권을 되찾아야 한다."라고 민족운동에 자신을

오강표 순의 기적비

이학순 추모비 ⓒ 오재철

성암 이철영을 기리는 숭의사 ⓒ 오재철

봉헌하는 뜻을 밝혔다.

이학순(1848~1910)은 계룡면 하대리에서 태어나 유학을 공부하고 인근 연산에서 글을 가르쳤다. 1910년 경술국치 이후 그에게 총독부가 주는 돈을 전하려고 일본 헌병경찰이 찾아가자 그는 이것을 너무 치욕스럽게 생각해 자리에 누운 채 거부했다. "원수 나라의 의롭지 못한 돈을 어찌 받겠는가?"라며 호통치는 그를 체포해 유치장에 가두자 모든 음식을 먹기를 거부했다. 경찰이 병보석으로 일시 석방했지만 그는 이 기회를 이용해 독약을 마시고 자결하고 말았다.

일제는 한일병합 직후 조선 왕실 종친들과 이완용 등 적극적인 매국행위를 한 고위관료들에게 합방 공로 작위를 수여했다. 아울러 3천만 환의 돈을 뿌렸는데, 그중 반을 대한제국의 전직 관료와 지방의 유력한 양반·유생들에게 제공해 그들을 매수하고자 했다.

이철영(1867~1919)은 '충청5현'의 한 사람인 초려 이유태의 9대손이다. 공주 계룡면 상왕리에서 태어나 부여의 유대원 문하에서 공부하고 그곳에서 서당을 열어 성리학을 강의했다.

1904년 일제가 철도를 부설할 때, 연기군 종촌에 있던 이유태의 묘소를 침범하자, 유림들과 함께 중앙정부를 상대로 강력한 항의활동을 벌였다. 그래서 훗날 '철도가 공주를 지나지 않게 된 것이 유림 탓'이라는 말이 생겨나기도 했다. 하지만 1905년에 경부선 철도가 공주를 비껴 천안-조치원-대전으로 난 가장 큰 이유는 일제가 러·일 전쟁을 앞두고 대륙 진출을 쉽게 하기 위해 직선로를 선택했기 때문이다. 또한 1911년 호남선 철도를 놓을 때 당초 조치원에서 공주를 거쳐 강경으로 가는 노선을 정했다가 결국 대전에서 갈라지게 된 것은 공주를 지나려면 금강에 철교를 놓아야 하는 등 시간과 비용이 많이 드는 데다, 대전에 이미 신도시를 개척한 일본인들이 집요하게 로비한 결과였다.

이철영은 1905년 을사늑약이 체결되자 항의문을 지어 배포하며 의병 활동을 촉구하고 일제의 부당한 통치를 일절 거부할 것을 촉구했다. 1909년에는 일제가 호적을 만들려고 하자 이를 강력히 거부하고 일본 정부에게 침략행위를 규탄하는 서한을 부여 주재소를 통해 보냈다. 1919년 순국할 때까지 열아홉 차례에 걸쳐 계속 항거했고 이로 인해 자주 옥살이를 하며 고문을 당해 그 여독으로 세상을 떠났다.

관내 16곳 1만 명이 참여한 공주의 3.1운동

공주의 역사에서 3.1운동 또한 빼놓을 수 없는 일이다. 3.1운동은 1919년 3월 1일부터 4월말까지 한반도 전역에서 연인원 2백만 명이 참여하여 독립만세 시위를 전개한 전민족적인 항일독립운동이었다. 무려 7천 5백여 명이 죽임을 당하고 4만 5천여 명이 경찰에 검거되었다. 3.1운동의 결과, 일본에 병합된 지 10년도 안 되어 독립운동의 사령부로서 대한민국 임시정부를 수립하게 되었다. 조선총독부는 헌병

공주의 항일 독립운동

경찰에 의한 무단통치를 '문화정치'로 바꾸지 않으면 안 되었다.

공주에서도 3월 중순부터 4월 초순까지 16곳에서 만세시위가 벌어졌다. 신상면 유구리(3.14), 정안면 석송리·광정리(4.1), 공주 읍내(4.1), 의당면(4.1), 정안면 대산리(4.2), 장기면 대교리(4.3), 우성면 도천리·쌍신리(4.3), 탄천면(4.3), 주외면 용당리(4.4), 목동면 이인리(4.4), 계룡면 경천리(4.4), 반포면 상신리(4.5) 등이다. 조선군사령부의 '조선 소요사건 일람표'라는 보고에 따르면, 공주 관내 만세시위로 1명이 죽고 13명이 부상했으며, 총 86명이 검거되었다.

천도교인으로 유구 출신인 **황병주**는 《매일신보》를 통해 경성에서 천도교가 주도해 3.1만세시위가 있었다는 사실을 접했다. 그는 3월 14일 유구 장터에서 시위를 주도했다. 오후 4시경이었다. 황병주가 30여 명의 주민을 향해 "대한독립만세!"를 높이 외쳤다. 삽시간에 호응하는 주민들이 불어났다. 시위 군중은 유구 장터를 출발해 우시장으로 행진했다. 이때 합세한 인원은 5백여 명을 헤아렸다. 일본인 순사와 조선인 순사보가 순식간에 달려와 황병주를 체포해 주재소로 끌고 갔다. 그러자 주민들이 다시 모여들어 "황병주를 석방하라"며 거세게 항의했다. 그들은 주재소를 포위하고 일부는 안으로 들어가 일본인 순사에게 황병주의 석방을 요구하고, 바깥에 있던 주민들은 주재소의 출입문과 창문을 깨부쉈다. 만세시위 중 주재소를 파괴한 것은 충남에서 처음 있는 일이었다. 이에 공주 읍내에서 급파된 헌병경찰 12명이 밀어

닥쳐 시위에 앞장선 이들을 모두 체포하고 시위하는 군중을 강제 해산시켰다.

유구 장터에서의 독립만세시위 사건으로 박준빈·황연성·이승현은 징역 3년, 황병주·이정춘·김병헌·현우석·김상규는 징역 2년의 실형을 받는 등 모두 21명의 관련자가 실형을 받았다.

4.1 정안 만세시위

4월 1일 정안면 석송리에서는 유생 **이기한**(1868~1941)이 주도해 만세시위가 일어났다. 그는 경성의 3.1 만세시위 소식을 듣고 석송리 주민들을 모이게 했다. 함께 모인 30여 명은 태극기를 앞세우고 대한독립만세를 부르며 정안면 소재지인 광정리를 향해 행진했다. 마침 나무심기 부역에 동원되었던 운궁리 주민 20여 명이 가세했다. 5킬로미터를 걸어가 정오쯤 광정리에 이르렀을 때에는 시위대열이 수백 명으로 불어나 있었다.

이들은 광정시장의 정미소와 일본인 거주지 앞에서 만세를 외치며 주재소를 포위하고 돌과 곡괭이, 삽으로 담장과 게시판, 유리창문을 깨뜨렸다. 이 시간 주재소에는 근무자가 없었다. 경성의 3·1 만세시위 이후 경계를 대폭 강화한 공주읍내에 지원근무를 나갔던 터였다. 이날, 5일장이 열린 공주읍내에서는 정안보다 늦은 오후 2시경 영명학교 교사와 학생들이 미리 계획한 만세시위가 벌어졌다.

석송리 만세운동 기념공원

오후 3시까지 시위를 계속한 군중들은 흩어져 각기 동네로 귀환했다. 하지만 석송리로 돌아와 주막거리에서 쉬고 있던 30여 명의 주민들은 공주읍에서 달려오던 공주경찰서 소속 순사들이 탄 자동차를 보자 "대한독립만세!"를 외치며 그들을 가로막았다. 경찰이 진압하려고 하자 주민 40~50명이 에워싸면서 난투극이 벌어졌다. 이를 제압하려고 헌병경찰이 총을 쏘아대면서 **이병림**이 즉사하고 11명이 중경상을 입었다. 주민들은 모두 체포되어 공주경찰서로 끌려갔다. 그날 밤 주민들은 다시 광정리 경찰주재소로 가 횃불을 들고 주민들의 석방을 요구하며 독립만세를 불렀다. 2일에는 대산리에서도 주민 수백 명이 모여 독립만세를 외치는 등 사흘 동안 시위가 이어졌다.

이 때 체포된 이기한은 "우리의 행동은 정의와 인도에 입각한 의사 발동이므로 범죄가 아니다."라고 당당하게 주장했다. 이기한이 징역 3년, 이동안이 징역 1년, 이월성·유원식이 징역 10월형을 받는 등 모두 25명이 유죄판결을 받았다.

공주읍내장 4.1 만세시위

공주읍내 만세시위는 기독교계 영명학교를 중심으로 사전에 주도면 밀하게 계획되었다. 영명학교 졸업생인 오익표·안성호가 일본 아오야 마학원에 유학 중 도쿄 유학생들의 2.8 독립선언을 보고 돌아온 2월경 부터 본격화되었다.

3월 24일, 영명학교 교실에 공주감리교회 담임목사인 현석칠과 전임 안창호 목사, 영명학교 교사인 김관회, 현언동, 이규상, 김수철 등이 모였다. 교목을 겸하고 있던 현석칠이 주도해 각기 역할을 분담했다. 김관회는 영명학교와 공주보통학교(현재 중동초등학교)의 남학생을, 현언동은 공주농업학교 학생을, 이규상은 영명여학교와 공주보통학교의 여학생을, 오익표와 안성호는 주민들을 끌어모으기로 했다.

이들은 경성에서 가져온 독립선언서 1천여 장을 인쇄하고 태극기도 4장을 만들었다. 공주 장날인 4월 1일, 사람이 가장 많이 모인 오후 2시, 중동의 장터에서 태극기를 흔들고 '대한독립만세!'를 외치며 사람들에게 선언서를 배포했다. 하지만 삼엄한 경계를 펼치고 있던 헌병경찰이 달려들어 그들 모두가 붙잡혔다. 강제로 해산시키려는 일본 기마경찰들과 육박전을 벌이는 과정에서 일부 학생은 부상을 입었다.

4.1 공주 장날 시위에서 19명이 체포되고 그 중 10명이 유죄판결을 받았다. 김관회·김수철이 징역 1년, 이규상은 징역 8월, 류우석·노명우·강윤·윤봉균·양재순은 징역 6월, 이규남·김현경은 징역 4월에, 모두에게 집행유예 2년이 적용되어 석방되었다.

영명학교 교사 **김관회**(1887~1949)는 공주 출신으로, 4.1 공주 읍내장 만세시위의 실질적인 지도자였다. 그의 집안은 읍내에서 포목상을 하던 재산가로 그가 태극기 제작과 독립선언서 인쇄비용까지 책임졌다. 김관회는 체포되어 일경으로부터 심한 고문을 받았으나 굴하지 않고 비밀을 지켜 현석칠·안창호·오익표·안성호 등 외부의 지도급 인사들이 모두 무죄 선고를 받을 수 있었다.

김관회는 일본 와세다대학 정경학부에서 유학하고 영명학교에서 역사, 지리 등 인문과목을 가르쳤다. 영명학교는 심상과(초등과정)와 고등과(중등과정)을 두고 있었는데, 교장인 우리암과 김관회 둘이서 고

옛 공주고보의 모습

등과를 담당한 것이다. 안성호·강윤·윤창석·신현창·유준석·안신영·
안기영·양재순·노명우·방인근·윤봉균 등이 그의 제자였다. 그가 약 9
년 간 교사로서 민족정신을 고취한 덕분에 영명학교는 항일독립운동
사에 이름을 뚜렷하게 남기게 되었다. 김관회는 영명학교로 복직하지
못하고 1920년대 후반까지 공주에서 금융조합과 농조, 청년회 활동을
계속했다.

　김관회의 영명학교 제자인 **윤창석**(1894~1966)은 천안 출신으로 일
본 아오야마학원에 유학해 전조선청년독립단을 결성했다. 1919년 2월
8일 도쿄 조선YMCA회관에서 독립선언문을 발표한 사람이 윤창석이

다. 현장에서 체포되어 징역을 산 그는 이후에 영명학교 교사로 활동하며 후배들을 양성하는 데 힘을 기울였다.

민족차별에 항거한 공주고보 동맹휴학운동

1922년 설립된 공립 공주고등보통학교(공주중·고등학교의 전신)는 일본인과 함께 조선인도 다닐 수 있는 충청도 최초의 인문계 중등학교였다. 5년제로 인가받아 2학급, 110명의 학생으로 개교했는데, 1930년 말에는 교사 21명, 학생 324명의 큰 학교로 성장했다.

공주고보는 사립학교보다 식민지교육에 대한 통제가 더 강하게 적용됐는데도 1926년, 1927년, 1929년 등 세 차례 항일 동맹휴학이 전개되었다.

첫 동맹휴학은 1926년 4월 26일에 세상을 떠난 순종의 인산일인 6월 10일이었다. 이날 조선인 전교생이 수업을 거부하고 공산성 쌍수정에 모여 북쪽을 향해 절을 올리고 곡을 했다. 조선인 학생들의 분위기에 눌린 학교당국도 학생들의 등교 거부에 대해 아무런 제재를 하지 못했다고 한다.

1927년 6월 26일, 공주고보(6년제) 4학년 학생 **이철하**가 퇴학당했다. 조선 사람을 무시하는 발언을 일삼는 일본인 교장에게 항의 편지를 보낸 게 죄가 되었다. 교장은 이철하의 아버지를 학교로 불러 그 앞에서 이철하를 심하게 구타하고 퇴학시켰다. 이 사건이 알려지자 이철

하의 동급생 50여 명이 결집해 '조선 사람을 차별하는 교장 퇴진' 등 6
개 항의 요구를 내걸고 7월 2일부터 동맹휴학을 벌였다. 4학년생 50
여 명이 동맹휴학을 하자 3학년생 80여 명, 2학년생 90여 명도 동맹휴
학을 결의했다. 3일 간 계속된 동맹휴학 사건으로 모두 14명의 학생들
이 학교에서 퇴학 조치되었다. 주동자 중 하나인 4학년 **한홍손**은 경찰
에 잡혀가 고문 끝에 죽음에 이르렀다.

공주 주외면 신기리에서 태어난 이철하(1909~1936)는 공주고보 퇴
학 이후 경성의 중동고보에 편입했다. 그는 1928년 11월, 경성 시내
중등학생들의 비밀결사인 'ㄱ당'(조선학생과학연구회) 사건으로 간부진
11명과 함께 일경에 체포되었다. 그는 치안유지법 위반 죄목으로 징
역 4년형을 받고 1933년 5월까지 옥살이를 했는데 수형생활의 후유
증으로 인해 1936년, 27세의 젊은 나이로 세상을 떠났다.

1929년 공주고보·영명학교의 학생항일운동

세 번째 동맹휴학은 1929년 11월 광주에서 민족차별문제로 불거진
광주학생항일운동이 확산되면서 일어났다. 이 학생항일운동은 1930
년 3월까지 6개월에 걸쳐 전국의 2백여 개 학교, 5만 4천여 명의 학생
이 참여했다. 시위와 동맹휴학, 시험거부(백지동맹) 등으로 항일의식을
표출해 학생 580여 명이 퇴학 조치되고 1,600여 명이 구금되었으며,
2,300여 명이 무기정학을 받았다.

공주고보에서는 4학년 이관세·나인종·나병갑·백낙순·김기철·윤상원·김제능, 3학년 이상돈·김송규(김해송), 2학년 유종호 등이 주도했다. 이들은 감시의 눈을 피해 금강 백사장, 고마나루 솔밭 등에 모여 거사를 논의한 결과, 1929년 12월 2일, 2·3·4학년 200여 명의 학생들을 총결속해 6일 동안 동맹휴학을 통한 항일운동을 벌였다.

공주고보 학생들에게 불을 지른 것은 일본인 교사 가루베 지온이었다고 한다. 사건 판결문에 따르면, 5학년 담임이던 가루베가 학생 8명을 데리고 충청남도 경찰부장 관사에 인사를 갔던 것이 최초의 발단이다. 이것을 '학생들을 경찰의 첩자로 삼으려는 심히 부당한 행위'로 규정한 학생들은 4학년생들이 주동이 되어 2차 동맹휴학을 준비했다.

이관세는 당시 산성공원 내 웅심각(현 광복루) 부근에 4학년 전원을 모아 동맹휴학을 결의했다. 초기에는 학교 당국이 학부형들을 통해 학생들을 강제 등교시키도록 했으나, 학생들은 일단 등교 후 곧바로 학교를 나가 동맹휴업에 동조하는 등 열기가 높았다. 그러자 경찰이 개입해 학생들을 마구잡이로 잡아들여 구타했다. 6일 간의 휴업으로 반절 이상의 학생들이 퇴학을 당해 공주고보 4회부터 8회까지 졸업생 숫자가 현저히 줄어들게 되었다. 이관세는 징역 6개월에 집행유예 2년을 선고받았다.

영명남학교와 여학교에서도 같은 시기에 전교생이 나서서 광주학생항일운동에 대한 동조와 일본인 교사 배척 등 9개 사항을 요구하다

7명의 학생이 체포되었다. 다음해인 1930년 11월에도 일본인 교사 배척 등 7개 요구사항을 내걸고 항의했다가 3명이 퇴학당하고 6명이 무기정학 조치를 당했다.

국내항일운동의 공주지역 지도자들

이내수(1860~1933)는 1910년에 자결 순국한 유학자 이학순의 큰아들로 연산을 기반으로 부친의 항거를 이어갔다. 1913년 마을의 호적을 불태우는 배일운동으로 구금되었고 1916년에는 의병 모의를 하다 체포돼 전남의 섬에 1년간 유배되었다. 그는 1919년 4월, 임시정부 수립을 위한 국민대표에 13도 대표의 한 사람으로 참여했다. 그해 6월에는 김복한 등이 주도한 파리장서(파리 만국평화회의에 보낸 독립 청원서)에 137명의 유림 대표 중 1인으로 서명했다가 투옥되었다. 이후 대동단의 민족대표 33인에도 유림 대표로 참여했다. 1921년 조선독립단의 책임자로서 2천여 원의 자금을 모아 대한민국 임시정부에 지원했는데 1923년에 검거되어 공주지방법원에서 징역 2년형을 언도받고 옥고를 치렀다.

사곡 회학리 사람 **장춘섭**(1890~1970)은 민족운동 성향의 청림교에 가입해 항일활동을 벌였다. 청림교도들의 피난처로 지정된 전국의 네 곳 중 하나가 조선 십승지지의 하나인 '유마양수지간(유구천과 마곡천 사이)'이었다. 장춘섭은 이곳에서 비밀조직을 만들어 민족의식을 고취하며 포교활동을 벌이다 보안법 위반으로 여러 차례 구금되었다.

윤귀영(생몰년 미상)은 1927년 신간회 공주지회가 조직될 때 정치문화부 총간사 역할을 수행했다. 그는 1924년《개벽》의 현상공모에 소설로 입선한 작가로서, 1928년 2월에《백웅》이라는 문예지 창간을 주도하고 방인근·엄흥섭·안신영 등 공주의 문인들과 함께 작품을 발표했다. 공주청년동맹 집행위원장을 맡고 있던 1929년 공주고보 학생들의 동맹휴학을 배후 지원한 죄목으로 징역 6개월에 집행유예 2년을 선고받았다.

안병두(1910~1950)는 지금의 옥룡동 출신으로 공주고보를 다녔다. 1931년 우성면 방흥리 소작쟁의를 지원하고 농민조합을 결성하기 위해 노력했다. 민족의 독립을 위해서는 농민·노동자가 민족의식과 계급의식을 가져야 한다는 것을 역설했다. 1931년 12월 안병두는 구자명·박명렬·이도원·이영근 등 공주고보 동창생들과 '공친회'를 조직해 농민, 노동자, 학생들에게 식민지 극복과 사회주의를 전파하는 활동을 했다. 이듬해 3월, 반일 반제국주의 격문을 만들어 배포하다가 체포되어 징역 2년의 옥고를 치렀다.

류제경(1917~2012)은 류관순의 오촌조카다. 즉, 1919년 4월 류관순 열사와 함께 체포되어 3년의 옥고를 치른 류중무의 손자다. 류제경은 공주고보를 다닐 때 졸업앨범에 단군기원을 쓰고 무궁화를 그려 넣어 경찰에 끌려가 고초를 겪었다. 그는 1941년 장기국민학교 교사로서 학생들에게 "일본천황은 신이 아닌 사람이다. 우리가 잘 배우고 힘을 얻으면 나라를 되찾을 수 있다."라고 가르치고, 학생들의 졸업앨범에 "땀을 흘려라. 피를 흘려라. 눈물을 흘려라."라는 문구를 써준 것이 독립사상을 고취시켰다며 체포되었다. 그는 치안유지법 위반죄로 3년 징역형을 받고 서대문형무소에서 복역하다가 중국 하이난섬에 끌려가 강제노역을 했다.

대한민국 임시정부 활동 지도자들

백세기(1907~미상)는 계룡면 출신으로 수원고등농민학교(훗날 서울대 농대에 병합)에 다니던 1926년에 '건아단'을 비밀리에 결성했다. 농민 계몽을 위해 수원 등지에 농민야학을 여럿 설립해 운영하고 단군 연호를 사용했다. 이들은 조선농우연맹에도 가입해 활동 폭을 확대했으나 1928년 9월 모든 조직원이 일제에 체포되었다. 백세기는 18개월간 모진 고문 조사를 받고 1930년 2월에서야 경성지방법원에서 면소 판결을 받았다.

　장수태(1879~1944)는 지금의 공주시 중학동 출신으로 대한민국 임시정부가 국내에 설치한 교통국 교통부원으로 활동했다. 평소에는 모자를 만들어 팔면서 임시정부 기관지인 '독립신문'을 비밀리에 배포하고 주요 인물들의 상하이 망명을 도왔다. 1922년에 임시정부의 교통국 참사 윤응염과 함께 보령 등지에서 군자금을 모으는 등 함께 활동

공주의 항일 독립운동

하다가 체포되어 1년 6개월 동안 옥고를 치렀다.

장기면 평기리 출신 **이춘구**(1878~1949)는 1920년 임시정부의 국내 조직인 충청북도 독판부 참사로 활동했다. 독판은 지금의 도지사, 참사는 도청의 주요 행정부서장에 해당되는 직위다. 1921년에는 독립의 군부 활동을 하면서 베이징의 박용만 등과 연계해 조선독립군사령부를 국내에 설치하려다 일경에 체포되어 징역 1년을 선고받았다.

중국·러시아에서 활동한 공주 사람들

이관직(1883~1972)은 정안면 사현리 출신으로, 1907년 군대 해산을 당할 때 육군 진위보병 제2대대 부위였다. 군대 해산 후 경북 안동으로 가서 '협동학교' 설립에 참여했다. 이후 안창호·이회영·이동녕과 함께 '신민회(1907년 결성된 항일 비밀결사대)'를 조직해 구국 계몽운동을 전개했다. 신민회 활동이 일제에 의해 드러나자 이관직은 이회영·이동녕 등과 함께 중국 지린성 삼원보에 독립운동 기지를 건설했다. 이관직은 신흥무관학교 군사교관으로서 조국 광복을 위한 사관학도 양성에 전념했다. 1916년에는 국내에 돌아와 독립운동 자금 마련에 힘썼고, 3.1운동 때에는 배재학당 학생들을 모으는 역할을 했다.

역시 사현리 사람인 **이은숙**(1889~1979)은 1908년 우당 이회영과 결혼했다. 형조·이조판서를 지낸 이유승의 아들인 이회영은 한일병합 후 국외에서 독립운동 터전을 닦아야겠다고 결심했다. 넷째인 이회영

이회영의 아내 이은숙. 회고록 《서간도 시종기》. ⓒ 우당 기념관

이 주장해 여섯 형제의 가산을 모두 팔아 정리한 후 60여 명의 가족들이 모두 중국 지린성 삼원보로 이주해 신흥무관학교를 세웠다. 이은숙은 남편을 도와 100여 명에 이르는 학생과 교관을 직접 보살피고 도왔다. 1913년에는 마적떼의 습격을 받아 총상을 입고 죽음 직전에서 가까스로 목숨을 건졌다.

이회영은 3.1운동 이후 베이징에서 김규식·김창숙·안창호·조소앙·김원봉 등의 울타리 역할을 했는데 1925년 귀국한 이은숙은 삯빨래 등 노동을 해서 남편의 독립운동 활동자금을 부쳤다. 1932년 이회영이 다롄에서 체포돼 일경의 고문으로 죽을 때까지 부부는 다시 만나지 못했다. 이은숙은 1966년《서간도 시종기》라는 회고록을 펴내서 고난에 찬 독립운동 시절의 역사를 생생하게 증언했다.

4월 1일 공주 장날 시위의 배후인물이었던 **오익표**(1887~1922)는 공주 옥룡동에서 태어났다. 그는 영명학교와 서울 감리신학교를 졸업하고 도쿄 아오야마학원을 다녔다. 유학생들의 2.8 독립선언 직후 공주로 돌아온 그는 영명학교의 4.1 만세시위를 주도했다. 이후 중국 상하이로 망명해 1920년 4월, 임시정부 의정원의 충청도 의원으로 선출되었다. 5월에는 의정원 회의에서 충청도 구국의연금 모집위원으로 선출되었고, 이어 상해한인청년회 내에 청년단을 조직하고 통신부장을 맡아 활동했다. 같은 해 러시아령 소왕령(우수리스크)으로 건너가 소성학교를 설립해 민족교육에 전념하다가 1922년 연해주에서 세상을 떠났다.

이호원(1891~1978)은 장기면 월송리에서 태어나 공주공립보통학교를 마치고 경성고보를 다녔다. 공주로 다시 내려온 그는 유구공립보통학교의 교사로 일했다. 하지만 학생들의 민족의식을 깨우는 교육을 시킨 혐의로 일경의 조사를 받고 감시가 심해지자 1916년 중국 만주로 망명했다. 그곳에서 흥동소학교를 세워 민족교육에 종사하면서 1920년에 항일운동단체인 광한단을 조직했다. 이듬해 그는 국내로 파견되어 군자금을 모집하고 친일파 암살계획을 세우다 체포되어 징역 10년형을 받았다. 1928년 석방되자 만주 화흥학교에서 다시 민족교육에 투신했다. 그는 1931년 만주지역의 민족주의와 사회주의계열이 통합

한 조선혁명당의 중앙집행위원장으로서 항일활동을 지도하다가 일경에 잡혀 1939년까지 7년간이나 다시 옥고를 치렀다.

장기면 도계리에서 태어난 **김형동**은 1910년대에 교세가 상당히 컸던 대종교(단군교)에 속해 항일활동을 벌였다. 1919년 만주로 가서 북로군정서에 가입해 김좌진, 이범석 등과 무장독립투쟁을 벌였다. 1920년 10월 청산리대첩의 주력이었던 북로군정서의 대다수가 대종교인이었다고 한다. 1925년부터는 중국 상하이에서 독립운동 단체 '철혈단'을 조직해 단장을 맡는 등 무장투쟁의 길로 일관했다. 광복 후에는 임시정부 광복군 예비대대의 총사령관을 맡아 국내 치안 유지 활동을 벌였다.

유구 출신의 **강범진**도 1927년 만주에서 독립군 활동을 했다. 1932년부터는 중국군에 속해 특무소위로서 항일 합작활동을 벌였다. 1933년 헤이룽장성 퉁허현에서 체포된 그는 신의주형무소에서 2년 6개월의 옥고를 치렀다. 풀려난 후에는 상하이로 건너가 한국독립당 활동을 하며 임시정부를 지원했다.

윤태현(1919~1950)은 장기면 하봉리 출신으로 중국 시안의 한국청년전지공작대에 가입해 9개월간 군사훈련을 받은 후 1942년 10월에 광복군 제2지대(대장 이범석)에 편제되었다. 광복군이 미국의 전시 첩보기관인 OSS(CIA의 전신)와 합작훈련을 실시할 때 윤태현도 제1기생 50명 중의 하나였다. 그는 1945년 5월부터 국내정진군 제2지구 충청도반에 편성되어 국내 진공을 위한 특수훈련을 3개월간 계속했다. 하지만 일제가 연합국에 무조건 항복함에 따라 이 작전은 끝내 실행되지 못했다.

일본 심장부에서 항일활동

장기면 송원리에서 태어난 **현창석**(1922~1971)은 일본 도쿄 센슈대학에 다니면서 1940년 9월부터 뜻을 같이하는 학생들과 함께 비밀 학습을 계속했다. 1941년 11월 자신의 하숙집에 동지들을 모아 "전쟁이 장기화해 일제의 패망은 필연적이다. 패전의 혼란기에 조선 민중이 나서서 독립을 완수해야 한다."라는 뜻으로 '우리조선독립그룹'을 결성했다. 그는 고향에 왔을 때 미국군이 도쿄를 공습할 경우 국내에서 봉기해 독립을 성취하기로 하는 비밀 모임 '공주그룹'을 만들었다. 1942년 3월 도쿄에서 체포되어 징역 3년형을 받았다. 현창석의 같은 마을 후배인 **정낙진**도 도쿄철도학교에 재학 중 체포되었는데, 한때 도쿄시립정신병원에 입원할 정도로 모진 고문을 받았다.

노섭(1924~1943)은 사곡 신영리 출신인데, 1941년 논산군청 재직 당시 '우리조선독립그룹'에 연계한 '공주그룹'에 참여해 활동했다. 도쿄에서 현창석 등이 검거된 여파로 1942년 6월 체포되어 일본에 압송돼 가혹한 고문 조사를 받은 끝에 1943년 2월 순국했다.

공주의 독립운동 유공자는 총 114명에 이른다. 공주 지역의 3.1운동과 관련된 이가 그중 절반이고, 구한말 의병과 국내항일운동이 그 다음으로 많다. 중국과 일본에서 활동한 이들까지 따지면 공주 출신의 독립운동가들은 지역과 시기를 가리지 않고 꾸준하고 전방위적인 항일 독립운동을 펼쳤음을 알 수 있다.

공주의 항일운동 관련 유적 및 유물

• 이학순 추모 기념비 / 공주시 계룡면 하대리 202

• 오강표 순의기적비 / 공산성 주차장 윗편

• 의병장 노원섭 생가터, 묘소 / 공주시 우성면 동곡리 135

• 숭의사, 이철영 묘소 / 공주시 상왕동

• 공주제일교회 /등록문화재 제472호 / 공주시 봉황동 10

• 석송리 3.1만세 유적지 / 공주시 향토문화유적 기념물 제29호 / 공주시 정안면 석송리 33-2

• 유구 3.1독립만세운동 기념비 / 공주시 유구읍 석남리 226-28

공주의 산천을
한국화폭에 담은 이상범

동아일보 일장기 말소사건의 주역

1936년 8월, 독일 베를린에서 열린 하계 올림픽 마라톤에서 손기정이 당당히 우승을 차지했다. 일제강점기였던 만큼 그의 가슴에는 일장기가 달려 있었다. 하지만 8월 25일자《동아일보》사진에는 손기정의 가슴에 있는 일장기가 지워지고 하얗게 인쇄되었다. 이른바 '동아일보 일장기 말소사건'이다.

이 사건은《동아일보》전속 삽화가인 이상범(李象範, 1897~1972)이 담당 기자와 함께 결행한 사건이었다. 이상범은 40일간 구속되었고, 근 10년간 근무했던 신문사에서 해고되고 말았다.《동아일보》도 발간이 정지되어 9개월이 지나서야 복간될 수 있었다.

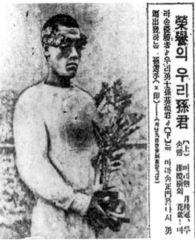

일장기가 말소된 동아일보 기사(왼쪽)와 원본 사진(오른쪽)

이상범은 1897년 9월 21일, 공주 정안면 석송리 208번지에서 태어났다. 정안천을 앞에 끼고, 맞은편에는 천태산에서 뻗어 내린 능선을 바라보고 있는 전주 이씨 집성촌이었다. 그의 아버지 이승원은 전주 이씨 덕천군파 후손으로, 평해군수, 칠원현감, 공주부 영장 겸 토포사 전주중군 등을 지냈다.

4형제 중 막내로 태어난 이상범은 태어난 지 6개월 만에 아버지가 세상을 떠나 어머니가 홀로 키워냈다. 어머니 김응수는 이상범의 나이 9세 때인 1906년에 가족을 데리고 서울 홍제동으로 이주했다. 어렸을 때부터 그림에 재주가 있었던 이상범은 계동보통학

공주의 산천을 한국화폭에 담은 이상범

이상범이 태어난 정안면 석송리 전경 © 오재철

교를 마친 후 18세 때인 1914년, 경성서화미술원에 입학했다. 그의 어머니는 아들의 미술수업을 적극적으로 독려했다.

도화서 전통을 이은 경성서화회

경성서화미술원은 조선시대에 화원을 양성하던 도화서를 일제가 폐지하자 서화미술회에서 연 사설 강습소다. 우리나라 최초의 근대 미술교육기관으로서, 화과와 서과로 나눠 3년간의 전문 과정을 개설했다. 1911년부터 1919년까지 운영되어 망국 시기에 전통회화의 맥을 근대에 잇는 역할을 톡톡히 수행했다.

교수진은 조석진, 안중식, 강필주, 김응원, 이도영, 강진희 등 당시 서화계의 대가급 중진들이었다. 이상범은 여기서 전통 화단의 양대 거목인 심전 안중식, 소림 조석진에게서 정식 수업을 받았다. 이상범은 그중에서도 안중식의 애제자였다. 안중식은 오원 장승업의 맥을 이은 조선시대 마지막 화원에 속한다.

안중식은 제자인 이상범에게는 '청전', 노수현에게는 '심산'이라는 아호를 지어주었다. 자신의 호 심전에서 한 자씩 준 것이다. 청전은 곧 '청년 심전'이라는 뜻이다. 이상범은 서화미술원의 4회 졸업생으로 노수현·최우석과 동기이고 선배로는 김은호·이한복·이용우·오일영·박승무 등이 있다. 이들은 훗날 근대 전통회화를 이끈 대표적인 화가가 되었다.

이상범은 졸업 후에도 스승 안중식의 경묵당에서 훈련을 쌓았다. 경성서화미술원의 교수진과 제자들은 1918년, 민족회화를 지향하는 서화협회를 결성했다. 초대 회장은 안중식이었다. 이상범은 1921년 서화협회 창립전에 산수화로 입선하는 등 연속 출품했다. 1936년 일제의 탄압으로 중단되기 전까지 조선서화협회는 민족미술을 지향하는 단체 미술전람회를 계속 열었다.

1920년 이상범은 김은호·오일영·이용우·노수현 등과 함께 창덕궁 내전에 벽화를 그리는 데 참여했다. 1917년에 소실된 창덕궁 내전각 세 곳을 새로 짓고 치장한 것이다. 이상범은 이때 전통 회화법에 따라 '삼선관파'라는 명작을 남겼다.

시대를 화려하게 장식한 연재소설 삽화가

1922년에는 조선미술전람회가 새로 창설되었다. 참가자는 대부분 일본인 화가들이었지만 조선인에게도 참여 기회를 줌으로써 총독부의 이른바 문화통치의 일환으로 이해되었다. 젊은 화가들이 공모전 형식으로 데뷔할 수 있는 무대였기 때문이다. 이상범은 제1회

공주의 산천을 한국화폭에 담은 이상범

이상범의 <고성모추>(1966)

선전에 '추강귀어'로 입선하는 등 1회부터 3회까지 내리 입선한 뒤,
5회부터 10회까지 연속 특선을 했다. 1935년에 추천작가가 되고,
이어 심사위원이 되었다.

이를 통해 이상범은 화단의 중진으로 성장하게 되었다. 선전에
서 이상범이 잘 나가자 그의 화풍을 모방한 작품들이 출품될 정도
였다고 한다. 그는 점차 스승 안중식의 화풍에서 벗어나 새로운 전
통 회화법을 발전시켜 나간다. 1926년의 선전 입선작 '초동'은 그때
까지의 궁중채색 화풍에서 완연히 벗어난 수묵담채풍을 확립했다.

실제의 논과 밭, 민둥산과 실개천이 드러난, 조선 사람이 사는 풍경을 이상범은 담담하게 그렸다.

이상범은 1923년 변관식·노수현·이용우 등과 함께 동연사를 결성했다. 이는 우리나라 최초의 미술동인 활동이다. 1926년에《조선일보》의 삽화를 그리고, 1927년부터는《동아일보》에서 삽화가로 자리를 굳혔다. 당시에는 일간신문 연재를 통해 소설이 발표되었다. 그는 매일 연재할 소설 원고를 미리 받아 그에 부합하는 삽화를 한 컷씩 그려냈다. 수묵모필의 화법으로 그리는 이 삽화는 화가의 또 다른 기량이 요구되는 영역이었다. 그는 이광수의 '단종애사'(1928~29), '흙'(1932~33), 김동인의 '젊은 그들'(1930~31), 심훈의 '상록수'(1934~35), 강경애의 '인간문제'(1934), 김기진의 '심야의 태양'(청년 김옥균, 1934) 등 당대에 커다란 인기를 끈 연재소설 대부분을 삽화로 뒷받침했다. 공주 영명학교 졸업생인 방인근의 '마도의 향불'(1932~33), '방랑의 가인'(1933) 등의 삽화도 모두 그가 그렸다.

인물화가로서도 이상범은 한 시대를 화려하게 장식했다. 1932년 현충사 재건 운동이 일어나 동아일보사에서 성금을 모금해 사당을 세우고 영정을 봉안했는데, 이때 이상범이 이순신의 영정을 그렸다. 1933년부터는 인왕산 밑 서촌에 '청전화숙'을 열고 '청연산방'이라고 이름을 지은 화실에서 그림에 몰두했다.

1936년 8월 25일, 이상범은《동아일보》일장기 말소 사건의 주동으로 체포되어 사회부장 현진건, 사진부장 신낙균, 담당 기자 이길용 등과 함께 일경에 끌려가 고초를 겪고 《동아일보》에서 쫓겨나 다시는 언론계에 복귀하지 못했다. 해직 이후 그는 1940년대까지 금강산 등 전국의 산천을 기행하면서 실경 스케치를 많이 하고 이를 바탕으로 금강산의 사계 등을 그렸다.

일제의 광기에 휘말린 '미술보국'

일제강점기 미술인들은 '미술보국'이라는 명분으로 군국주의 체제 선전에 동원되었다. 일제의 광기는 예술인들을 체제 협조의 틀 속에 가두었고 이상범도 이로부터 자유로울 수 없었다. 그는 1941년부터 국민총력조선연맹 문화부 위원, 조선미술가협회 일본화부 평의원 등에 이름을 올렸다.

1942년부터 1944년까지 총독부와 국민총력조선연맹이 주최한 '총후미술전'에 이상범은 심형구·김은호·이영일·이한복·김인승·배운성·이종우·장발·김경승·김기창 등과 함께 참여했다. 이 때문에 이들은 친일 혐의로 해방 직후에 결성된 조선미술건설본부에 참여하지 못했다.

이상범은 1940년대에 조선남화 연맹전, 애국 백인일수 전람회,

일만화 연합 남종화 전람회, 결전 미
술전 등에 작품을 냈다. 대부분 국방
헌금을 마련하거나 '대동아공영'의 깃
발을 내건 행사들이었다.

이상범 말년의 모습

1943년 8월 1일 일제는 조선인 징
병제를 시행해 부족한 병력을 식민지
백성들로 채우기 시작했다. 총독부 기
관지《매일신보》는 이를 기념하는 '님
의 부르심을 받들고서'라는 시화 시리
즈를 1주일간 연재했다. 여기에 그림을 그린 이는 고희동·김중현·
김인승·배운성·김기창·이용우, 그리고 이상범이었다. 8월 6일자에
게재된 이상범의 그림은 〈나팔수〉라는 제목이다. 일장기 아래 언
덕에 서서 진군나팔을 부는 군인의 모습이다. 올림픽 마라톤 우승
자인 조선사람 손기정의 가슴에서 일장기를 지웠던 민족화가 이상
범은 일제 말기에 오점을 남기게 되었다.

우리나라 산천, 뼛골이 밴 수묵화

일제 강점기나 해방 후에도 이상범은 사람 사는 주변의 야산과 들

공주의 산천을 한국화폭에 담은 이상범

풍경에 집중했다. 조선 말기 회화의 전통을 계승해 평생 전통수묵화에 몰두한 것이다. 야트막한 언덕과 개울의 맑으면서도 때로는 안개가 내린 분위기를 차분하게 그렸다. '비산비야', 산도 아니고 들도 아닌 충청도의 풍광을 연상시키는 향토색 짙은 산수화이다.

1949년 홍익대에 미술과가 개설되자 그는 이때부터 홍성 출신인 이응노와 함께 동양화를 맡아 제자들을 길러냈다. 1971년 서울신문사에서 연 〈전통회화 6대가 전〉에 당시까지 생존해 있던 한국화 6대가의 작품이 초대 전시되었다. 이상범을 비롯해 김은호·허백련·박승무·노수현·변관식 등 오늘날까지 전통회화의 대가로 기억되는 이들이다. 이듬해인 1972년, 그는 76세로 세상을 떠났다.

2002년에는 청전 이상범의 30주기 기념 전시회가 열렸다. 당시 국립현대미술관장이었던 오광수는 "겸재 정선, 단원 김홍도 같은 한국 산수의 맥을 이으면서도 독특한 자기세계에서 또 하나의 한국미의 전형을 확립했다."라고 청전을 평가하면서 "겸재 이후 최대의 작가"라는 극찬을 아끼지 않았다. 실제로 전통 한국화가 중에서 최고의 그림 값으로 매겨지고 있는 이상범의 작품세계는 평론가, 애호가들에게 최고로 인정받고 있다.

이상범 관련 유적 및 유물

• 이상범 생가터 / 공주시 정안면 석송리 208 (안말)

충남도청의 대전 이전

-

철도 개통으로 대전에 밀리다

공주에 충청감영이 설치된 것은 선조 36년이던 1603년이었다. 그때부터 1896년(고종 33)까지 충청도관찰사는 공주목사를 겸하며 공주에 주재했다. 1896년, 8도를 13도로 분할하면서 충청도가 남북으로 나뉘었지만, 충청남도의 도청 소재지는 변함없이 공주였다.

1914년에는 일제에 의해 지방 행정구역이 통폐합되었다. 지방 행정단위의 크기 차이가 많이 나는 것을 바로잡아 경비 절감과 함께 조세 부담의 균등을 꾀한다는 명분이었지만, 실제로는 식민통치와 수탈에 효율성을 높이기 위해서였다.

이로써 충청남도는 기존의 37개 군이 14개 군으로 통폐합되었다. 공주군을 뺀 13개 군은 2개에서 4개의 군을 합쳐서 새로운 군으로 설

충남금융조합연합회관 (옛 공주읍사무소) ⓒ 박정원

치되었다. 기존의 부여군·임천군·홍산군·석성군이 합쳐져 부여군이 되는 식이었다. 하지만 도내에서 가장 면적이 컸던 공주군은 오히려 4개의 면을 다른 군에 떼어주었다. 현내면을 대전군에, 양아리면과 삼기면을 연기군에, 반탄면의 일부를 부여군에 넘겨줘야 했다. 그래도 공주의 면적은 여전히 도내에서 가장 넓었다.

충남의 수부도시 공주의 위상 변화를 가져온 것은 다름 아닌 철도였다. 1905년 경부선, 1914년 호남선(대전-목포간) 철도가 충남을 지나면서 도청 소재지인 공주를 비껴서 개통됐다. 한반도를 시작으로 대륙에 대한 공략을 최우선 목표로 삼았던 일제는 부산-경성-의주까지 최단거리 철도를 놓는 것이 지상과제였다. 이때부터 조선반도를 관통하는 철도교통의 교차점이 된 대전군(현 대전광역시)이 해가 다르게 커가기 시작했다. 1915년 당시 대전군에는 일본인 4,360명을 포함해 6,061명이 살았고 공주군에는 일본인 1,560명을 포함, 6,264명이 살고 있었으나, 1932년에 이르자 대전 인구는 33,843명으로, 공주의 10,867명보다 세 배나 많게 급증했다. 이때 대전에 사는 일본인은 9,448명이나 되었고 이들은 충남도청을 대전으로 이전해야 한다는 목소리를 다각도로 강력하게 내기 시작했다.

조선총독부는 한반도를 식민지로 개발하는 과정에서 몇 개 도의 청사를 이전했다. 이른바 '시정상의 편의'를 명분으로 1910년 경기도청을 수원에서 경성부로, 1920년 함북도청을 원산에서 나남(청진)으로, 1923년 평북도청을 의주에서 신의주로, 1925년 경남도청을 진주에서 부산으로 이전한 것이다. 도청 이전을 강행하려는 총독부와 반대하는 주민들과의 충돌도 많이 발생했다.

대전에서 경제활동에 종사하던 일본인 거류민들이 충남도청 이전을 위해 적극적으로 나서 조선총독부와 제국의회에 진정과 로비활동을 벌였다. 1928년 초부터 총독부에서도 충남도청 이전설이 나오기 시작했다. 1929년에는 대전의 일본인 기업인이 도청 이전을 청탁하며 야마나시 총독에게 거액의 뇌물을 제공한 사건이 발생했다. 그 후 총

충남도청의 대전 이전

독부는 도청 이전설을 번번이 부인하고 쉬쉬하다가 마침내 1930년 11월, 충남도청 이전 신축 예산안을 편성했다. 이 소식이 알려지자 도청 유치운동이 도내에서 봇물 터지듯 전개되었다. 대전에서는 즉시 도청 유치운동 단체를 구성하고 맹렬한 유치 활동을 전개했고, 이에 뒤질세라 천안과 조치원, 논산에서도 각기 장점을 내세우며 도청을 가져가기 위해 나섰다.

일제 관청에 줄을 대며 개발정보에 눈을 밝히던 이들은 대전의 토지 투기에 열을 올렸다. 특히 '공주 갑부' 김갑순을 비롯한 땅 부자들은 날로 커지는 대전역 부근을 비롯한 시가지 대부분의 땅을 차지하고 있었다. 이들은 훗날 도청 이전이 현실화하자 엄청난 금액의 개발이익을 챙겼다.

격렬한 도청 이전 반대 운동

마침내 1931년 1월, 총독 사이토는 충남도청을 대전으로 이전하겠다고 발표했다. 공주는 교통이 불편하고 청사가 낡고 협소하므로 대전으로 옮기는 게 대다수의 편익을 도모할 수 있다는 점을 이유로 들었다. 아울러 공주의 조선인 유지들에게 총독부의 방침을 받아들일 것을 종용했다.

하지만 공주 시민들은 적극적인 반대 입장을 표명했다. 일찍이 1920년대 중반, 도청 이전설이 나오면서부터 공주공영회, 공주시민회 등이 반대 운동을 주도해왔다. 1931년 1월 3일, 도지사 관저 앞에 시민 500여 명이 모여 '도청 사수'를 위한 집회를 개최했다. 이들은 3천여 원의 활동기금을 마련하고 총독부에 항의 대표단을 파견하기도 했다. 공주시민회는 일본인·조선인 유지를 20명씩 넣어서 실행위원을 선출하고 1월 16일 대규모 시민대회를 개최했다.

시민대회는 "1,400년의 역사상 충청도 정치의 중심지는 공주다. 일본인 중심의 신도시인 대전에 도청을 이전하는 것은 총독정치의 본래 취지에도 반하는 것"이라는 내용의 결의문을 채택했다. 공주의 대지주들과 읍내에서 상업을 주도하던 조선인·일본인들로 구성된 이들은 도쿄의 일본 제국의회까지 찾아가 항의활동을 벌였다. 공주시민들은 상가의 문을 닫고 3월 11일부터 13일까지 횃불시위를 벌이며 경찰과 맞서 투석전을 벌였고 이로 인해 시민 50여 명이 체포되었다.

공주시민들이 맹렬히 반대했지만, 총독부는 오히려 제국의회 안의 동정적인 움직임까지 회유해내면서 도청 이전을 확정했다. 1931년 6월, 대전에 지을 도청 청사 건립공사 입찰에 일본인 사업가 스즈키구미가는 예정 공사비의 절반밖에 안 되는 16만 7,400원을 써넣어 낙찰을 받았다. 그는 1929년, 당시 총독 야마나시에게 거액의 뇌물을 바치며 도청 이전을 청탁했던 인물이었다.

도청 이전이 확정되고 더는 되돌릴 방법이 없게 되자 공주의 유지들과 시민들은 크게 낙담했지만, 대신 도청을 빼가는 데 따른 보상을

충남도청의 대전 이전

1933년에 건설된 금강교 © 오재철

요구하는 활동을 전개했다. 1932년 7월 10일, 공주읍사무소에서 열린 공주시민회 총회에서 보상 요구사항이 논의되었다. 우선 국비로써 보상해 달라는 일곱 가지 사항으로, 철도 부설, 의학전문학교와 관립사범학교 신설, 고등농림학교 또는 상업학교 설치, 공병대 주둔, 전매지국 설치 등이 선정되었다.

총독부 예산이나 도비로 처리해 달라는 보상 요구안도 13가지나 됐다. 5년제 농업학교 설치, 공주시장의 공영화, 공주-조치원 간에 운영하는 승합차의 철도국 직영화, 기공식만 가진 금강대교 건설 촉진, 연미산을 돌아 신관으로 연결하는 도로 개설, 공주-예산 간 도로의 통천포 다리 신설, 산성공원 내 도로 개설 등이 그것이었다. 하지만 요구가 수용되지 않자 그중 세 가지를 다시 제시했다. 중선철도(영월-조치원-공주-장항간) 건설, 관립 사범학교 설치, 궁민 구제자금의 융통 등이었다. 하지만 일제가 최종 수락해 실행된 것은 금강교 개설(1933), 공주농업학교 개교(1933), 사범학교 설립(1938)뿐이었고, 이밖에 공주에 소재한 재판소와 잠종시험소 등 도청 부속기관들의 이전이 한동안 늦춰지는 데 그쳤다.

1932년 10월 도청은 공주를 떠나 대전 선화동으로 모두 이사를 마쳤다. 330년간 충청감영과 충남도청의 주재지였다는 자긍심이 강했던 공주 사람들로서는 마음에 큰 상처를 입을 수밖에 없었다.

교육도시로 새로운 도약

공주는 예나 지금이나 역사도시라는 명성 못지않게 '교육도시'라는 유명세를 안고 있다. 사실 '교육도시 공주'라는 단어가 시작된 것은 도청이 대전으로 이전된 1938년 무렵부터였다.

1938년 2월 26일자 《동아일보》는 공주에 사범학교가 설립된다는 사실을 보도하면서 "교육도시인 공주에 여자사범학교가 설치된다."라는 말로 서두를 시작하고 있다. 원래 공주는 충남도청이 위치해 있던 관계로 여러 근대학교가 있었다. 대표적으로 1922년에 설립된 공립중학교(공주고등보통학교), 1928년에 설립된 공립고등여학교가 그것이다.

공주 사람들은 도청을 잃은 상실감을 대체할 새로운 도시의 정체성이 필요했다. 따라서 '교육도시 공주'는 공주 사람들이 어떻게 자신의 고향과 삶터를 바꾸어가고자 노력했는지를 보여주는 상징적인 언어라고 볼 수 있다.

충남도청 이전 관련 유적 및 유물

• 충남도청 터 / 공주시 중학동(현 공주사대 부속중 · 고등학교)

• 구 충남금융조합연합회(공주읍사무소) / 등록문화재 제443호 / 공주시 반죽동 221-1

• 금강교 / 등록문화재 제232호 / 공주시 금성동 163, 신관동 553

충남도청의 대전 이전

'우리 것은 좋은 것이여' 일깨워준 국창 박동진

예능인의 피가 흐르는 집안

판소리 국창으로 명성을 떨친 박동진(朴東鎭, 1916~2003)은 1916년 음력 7월 12일, 공주 장기면 무릉리 365번지(지금의 월송동 무릉통)에서 태어났다. 아버지 밀양 박씨 박재천과 어머니 경주 최씨 사이에서 난 장남이었다. 아버지는 농사를 지었으나 할아버지는 줄광대, 즉 줄타기 예인이었고, 숙부도 '또랑광대'라고 불리는 지역 소리꾼이었다고 한다. 이런 피를 타고나서인지 그는 어려서부터 소리를 들으면 곧 따라서 흥얼거릴 정도로 노래에 재주가 있었다.

아버지 대에 와서 남의 빚보증을 잘못 서는 바람에 가세가 급격히 기울었다. 급기야 아버지가 처가살이를 하게 되어 회덕(대전)으

346

|

공주의 인물을 만나다

로 이사했다. 여덟 살까지 공주의 서당에서 한문을 배운 그는 진잠 보통학교를 졸업하고 공립 대전중학교에 진학했다.

중학교 재학 시절 그의 운명을 바꿔놓는 일이 생긴다. 당시 사람들에게 큰 인기를 끌었던 협률사가 대전극장에서 연 판소리 공연을 본 것이다. 이 자리에서 이화중선, 이중선, 장판개, 조기옥 명창 등의 소리를 접한 박동진은 넋이 나갈 정도로 반했다. "저들이 사람인가 선녀인가 했다. 내가 저것을 꼭 배워 악머구리떼 같은 가난을 짓이겨버리겠다."라고 결심한 그는 학교를 중도에 그만둔다. 아버지가 극구 만류했지만, 그는 자신이 잘할 수 있는 소리를 통해 가난을 벗어나겠다는 일념에 사로잡혀 있었다.

18세가 되던 해 그는 소리 선생을 찾아 떠났다. 청양 정산에 살던 송병두가 그의 첫 스승이었다. 남사당패에서 익힌 토막소리를 잘해 일대에서 명창으로 통하던 인물이었다. 소리를 배우려면 강습비를 내야 하는데 박동진은 집안일을 해주는 것으로 대신하겠다고 했다. 버젓이 돈 내고 배우는 다른 학생들과는 다른 처지였으니 그야말로 귀동냥으로 소리 공부를 시작했다.

박동진은 1년 반 동안 스승의 재주를 다 배워버리고 정산을 떠나, 유성 장터에서 난장을 만났다. 그 자리에서 자청하여 그가 '만고강산' '춘하추동' 같은 토막소리를 하자 구경꾼들의 앙코르가 다섯 번이나 이어졌을 만큼 열띤 호응을 받았다. 현장에서 이것을 본

'우리 것은 좋은 것이여' 일깨워준 국창 박동진

경북 김천의 진양옥 여주인이 그를 채용해 박동진은 권번의 선생으로 일하게 되었다.

당시 권번에서는 한문과 시문·서예를 비롯해서 성악, 기악, 그림, 춤까지 가르쳤다. 그는 기생들의 선생으로 3년간 머무르다가 대구로, 다시 경주로 옮겼다. 한편으로는 소리를 가르치고 다른 한편으로는 명창을 찾아가 배우는, 고단한 판소리 수업 기간이었다.

소리를 가르쳐준 스승이 여덟 분

박동진은 1933년 김창진에게서 '심청가'를 배운 것을 시작으로, 1935년 정정렬에게 '춘향가', 1936년 유성준에게 '수궁가', 1937년 조학진에게 '적벽가', 1939년 박지홍에게 '흥보가'를 각각 배움으로써 판소리 다섯 마당 공부를 완성했다.

그중에서도 그가 스승으로 여긴 사람은 정정렬 명창이었다고 한다. 정정렬을 만난 것은 '조선성악연구회'에서였다. 연구회에는 정정렬 말고도 송만갑·이동백·김창룡 등 당대 최고수 명창들이 속해 있었다. 그 밑에서 그는 김소희·박녹주·박초월·김연수·임방울 등 차세대 소리꾼들과 함께 배우면서 활동을 벌였다.

박동진의 나이 20대 초반에서 중반에 이르는 1930년대는 이른바 '근대 5명창'(김창환·송만갑·이동백·김창룡·정정렬)의 전성기로 박동진은 그들에게 학습한 마지막 세대에 속한다. 그는 생전에 "내 스승이 여덟이나 된다."라고 말했다. 그만큼 다양한 소리제를 익힐 수 있었지만, 소리의 계보가 분명하지 않고 어느 구절도 완전한 전승이 되지 못했다는 말을 듣게 되었다. 불행일까 다행일까, 결과적으로 박동진의 판소리는 중고제(김창진)로 시작해 동편제(송만갑·유성준·조학진)와 서편제(정정렬·박지홍)를 한 몸에 넣게 되었다.

그가 소리판에 본격적으로 얼굴을 드러낸 것은 1940년대였다. 그는 권번에서 소리를 가르쳐 생활비를 벌고 스승들이 가끔 세워주는 무대에 서는 가난한 소리꾼의 생활을 이어갔다. 남자다운 외모와 훌륭한 발림으로 소리꾼으로서 이름값은 높아지고 있었지만, 그는 본디 타고난 광대의 목소리는 아니어서 목청이 크지도 않고 기름지지도 않았다. 자신도 그것을 알고 있었기에 그는 스스로 목소리를 혹독하게 단련하다가 어느 순간 목이 상하고 말았다.

그러자 그는 마지막이라는 심정으로 고향 공주에 내려와 100일간의 독공에 들어갔다. 무릉리 고향 집 뒷산에 토굴을 파고 들어가 '소리 독은 똥독으로 풀어야 한다.'라는 말대로 실천하며 수련했다. 다행히 그의 목은 안정을 되찾고 그는 24시간 언제라도 노래할 수 있는 목을 갖게 되었다.

'우리 것은 좋은 것이여' 일깨워준 국창 박동진

박동진의 첫 판소리 완창(1968)

서양문화에 밀려난 판소리를 되살리다

일제 말기부터 1950년대 한국전쟁을 거쳐 1960년 무렵까지는 한국의 국악인들에게도 혹독한 시기였다. 이 시기에 박동진은 햇님국극단, 조선창극단, 우리국악단 등을 전전해야 했다. 일제 강점기에는 판소리를 일본말로 바꿔 부르게 하더니 해방 후 3년간의 미군정기에는 서양문물이 해일처럼 밀려와 국악계 전반이 극심한 침체기를 맞게 되었다. 여성국극 등으로 판소리가 겨우 명맥을 유지하던 1950년대 내내, 그는 불우한 시절을 보냈다. 한국전쟁 기간에는 국민방위군 창극단에 속해 전장을 찾아다니며 위문 활동을 하기도 했다.

1960년대에 전통 판소리가 급격한 쇠퇴의 길을 걷자 정부 차원에서 창극단을 만들고 무형문화재 제도를 만들었다. 1962년 그는 국립국악원에 시험을 보고 들어갔다. 공무원 신분으로 생활이 어느 정도 안정되자 그는 자기만의 판소리 세계를 완성하기 위해 6년간 피나는 노력을 거듭했다.

1968년 9월 30일, 박동진은 판소리계에 새로운 역사를 쓴다. 서울 남산에 있는 국악고등학교 강당에서 5시간 동안 쉬지 않고 판소리 〈흥보가〉를 완창한 것이다. 그의 나이 52세 때였다. 그때까지 판소리는 대개 10분이나 20분 정도 부르는 토막 소리가 아니면, 창극

'우리 것은 좋은 것이여' 일깨워준 국창 박동진

이나 여성국극의 형태로 여러 명이 배역을 나눠 맡아 공연했다.

　그 시절 박동진은 몇 대목만 잘 배워서 부르고는 명창 소리를 들으며 강습으로 돈벌이하는 세태를 비판적으로 봤다. 끊임없이 수련하며 새로운 레퍼토리를 발굴해야 진정한 소리꾼이라는 지론을 폈다. 박동진의 〈홍보가〉 완창은 커다란 사회적 반향을 일으켰다. 다섯 시간이 언제 지나갔는지 모르게 출중한 기량과 재미있는 아니리로 청중의 갈채를 받자 그는 일약 스타로 떠올랐다.

　그 후로 박동진은 판소리 다섯 마당을 잇달아 완창했다. 1969년 명동예술극장에서 판소리 〈춘향가〉를 8시간 동안 날계란 두 개만 깨 먹으면서 쉬지 않고 불렀고, 이후 〈심청가〉(1970년, 6시간), 〈적벽가〉(1971년, 7시간), 〈수궁가〉(1972년, 5시간) 등으로 이어갔다. 하나하나가 혼신의 힘을 다한 대첩이었다.

　그가 판소리 완창으로 국악 열기에 불을 지피자 박초월·김소희·오정석·성우향·박초선 등이 판소리 다섯 마당 전판 공연에 도전했다. 그 후로 완창 능력이 있느냐가 명창을 평가하는 기준이 되었고, 완창 공연은 현대 판소리의 대표적인 공연 양식이 되었다.

실전 판소리의 전승과 창작

박동진은 또한 실전된 판소리의 사설을 보완하고 새로 곡을 붙여 발표했다. 조선 후기까지 있던 판소리 열두 마당 가운데 전승이 끊어졌던 〈변강쇠타령〉(1970), 〈배비장타령〉(1972), 〈숙영낭자전〉(1974), 〈옹고집전〉(1977) 등을 그가 살려냈다. 선배 소리꾼들이 불렀던 소리조차 제대로 살려내지 못해서 되겠냐는 것이 박동진의 생각이었다.

그의 판소리 혁신은 창작으로 한 발 더 나아갔다. 〈성서 판소리(예수전)〉(1972)가 대표적이다. 주태익이 쓴 사설에 박동진이 곡을 붙여, 예수의 여러 일화를 서사적으로 그리면서도 전통 판소리의 맛을 잘 살려냈다는 호평을 받았다. 전국의 교회와 학교, 해외에까지 판소리 찬양 공연을 수백 회 거듭했다. 1973년에 발표한 〈판소리 이순신 장군〉 또한 장장 9시간에 이르는 대작으로 그의 창작 역량과 소리 기량이 집약된 작품이다.

박동진은 1973년에 〈적벽가〉로 중요무형문화재 제5호 판소리 예능 보유자로 지정받았다. 1975년부터 5년간 국립창극단 단장으로 일하면서 해마다 두 차례씩 모두 열 편의 창극을 만들어 국립극장 무대에 올렸다. 그런가 하면 1992년 한 제약회사의 TV 광고에 출연해 "우리의 것은 소중한 것이여!"라는 말을 크게 유행시켰다.

'우리 것은 좋은 것이여' 일깨워준 국창 박동진

박동진 판소리 전수관 ⓒ 오재철

TV에도 자주 출연해 판소리를 알렸다. 그는 "내가 광고, 다큐멘터리, 코미디 프로그램까지 다양한 방송프로그램에 출연했는데, 그것은 오직 하나, 우리 소리를 대중들에게 널리 알리기 위한 것이었다."라고 말하기도 했다.

박동진은 청중들이 즉석에서 청하는 대로 어느 대목이든 부를 수 있어야 한다며 연습을 중요시했다. "내 머릿속에 판소리 18마당, 350시간 분량이 정리되어 있다."라고 말할 정도였다. 뿐만 아니라 즉흥적으로 판을 짜는데 능했고 걸쭉한 재담을 즐겼기에 관객들은 대여섯 시간 동안 자리를 뜨지 않고 함께 울고 웃으며 갈채를 보냈다.

1998년에 공주 무릉동의 생가터에는 '박동진 판소리 전수관'이 개관됐다. 그의 살림집에 기록 전시관과 전수 활동 공간을 겸한, 소박하지만 진정 어린 공간이다. 그는 이곳에서 말년을 보내다가 2003년 7월 8일, 87세로 세상을 떠났다.

중고제 판소리의 본향, 공주

국악의 명품 판소리는 2003년 유네스코 세계무형유산으로 지정되었다. 노구를 이끌고 해외공연까지 마다하지 않고 활동했던 박동진의 기여 덕분이었다. 박동진은 1973년 무형문화재로 지정될 때 '중고제'로 분류되어 있었다. 중고제는 곧 옛날식이라는 말인데, 판소리가 발생한 경기·충청의 소리를 가리킨다. 한문 사설을 많이 쓰고 강건하면서 유연한 특징이 있다. 하지만 1930년대 이후에는 좀 더 쉽고 애절한 곡조의 소리가 대중화되어 중고제는 단절되고 동편제, 서편제가 자리를 잡게 되었다.

조선 중기부터 1930년대 초까지 330년 동안 충청감영과 충남도청이 자리 잡았던 공주 땅에서는 중고제 판소리가 가장 많이 불렸다. 또한 공주 사람으로 명창도 많았는데, 우렁찬 소리가 압권이었던 황호통, 〈적벽가〉로 일세를 울린 박상도, 〈춘향가〉를 잘한 김석창과 그의 아들 김덕순 등이 지금껏 이름을 전하고 있다. 한편 고수관, 이동백, 김창룡 명창도 공주에서 살면서 '감영 무대'를 주름잡았다고 한다.

 박동진 관련 유적 및 유물

• 박동진 판소리 전수관 / 무릉동 376-3

'우리 것은 좋은 것이여' 일깨워준 국창 박동진

석장리 발굴한
한국 구석기의 아버지 손보기

―――――

한반도에서 처음 인류가 산 곳

우리나라에서 구석기 유적이 처음 발견된 곳이 바로 공주 석장리다. 석장리 유적은 평안남도 상원 검은모루동굴, 경기도 연천의 전곡리와 함께 한반도의 구석기 유적을 대표한다. 선사인들이 머물러 살기에 적당하게 낮은 언덕과 그 주변으로 크고 작은 내와 금강이 펼쳐져 있는 곳이 바로 석장리다.

인류가 출현한 이후 신석기시대가 시작되기 전인 지금으로부터 1만여 년 전까지를 '구석기시대'라고 한다. 불 피운 자리나 주거공간의 흔적, 돌로 만든 도구와 짐승을 사냥하고 먹은 생활의 단편 등을 통해 알 수 있다.

석장리 구석기인들은 뗀석기(타제석기)와 동물의 뼈나 뿔로 만든 도구를 사용했다. 동물을 사냥하고 식물을 채집해 식량으로 삼았고, 동굴이나 바위틈에 살거나 강변에 막집을 짓고 살았다. 집터 유적을 보면 기둥, 담 자리와 불 땐 흔적을 볼 수 있는데, 적게는 서너 명, 많으면 열 명 정도가 모여 살았다.

홍수가 나는 바람에 무너진 석장리의 금강변 언덕 밑에서 네 개의 뗀석기와 십여 개의 석기 조각을 발견한 것은 미국인 앨버트 모어 부부였다. 이들은 연세대학교에 객원 학자로 와 있던 젊은 고고학자들이었다. 이들에게서 돌조각을 건네받은 고고학자 손보기(孫寶基, 1922~2010)는 "이게 진짜 뗀석기라면 우리 땅에서 사람이 산 역사를 적어도 수만 년을 앞당길 수 있다."라고 확신했다. 손보기는 그로부터 1주일 후 석장리를 함께 탐사했는데 그때가 1964년 5월 27일이었다.

28년간 12차례에 걸친 석장리 유적 발굴

손보기를 단장으로 하고 연세대 사학과 대학원생들로 구성된 '석장리 구석기 유적 발굴단'이 첫 삽을 뜬 것은 그해 11월 11일이었다. '한반도에 구석기 유적이 있을 리가 없다.'라는 선입견이 발굴

석장리에서 발굴 중인 손보기

신청서를 반려하게 해 세 번째 신청 만에 문화재 당국의 발굴조사를 허가받을 수 있었다. 수십만 년 동안 잠들어 있던 한반도의 구석기인들이 후손들에게 처음 등장한 감격의 순간이었다.

강 언덕이 무너져 생긴 절벽에 지층 단면이 칼로 자른 것처럼 드러나 흙 색깔이 층마다 다른 지형이 나타났다. 석장리 유적의 맨 밑 강 바닥층은 대략 30만 년에서 50만 년 전으로 추측되고 그 위로 적어도 12개의 문화층이 쌓여있다. 밑에서부터 위로 올라가면서 사용된 석재와 석기를 만드는 과정을 차례로 볼 수 있다.

돌을 떼어 만든 연장(뗀석기)을 쓰면 구석기, 갈아서 만든 연장(간석기)을 사용하면 신석기로 구분한다. 구석기시대는 250만 년 전부터 1만 년 전까지로, 인류 전체 역사의 99%를 차지한다. 이때까지 우리나라에서 신석기 이전의 문화는 발견된 적이 없었으므로 남한 최초로 석장리에서 구석기 유적이 확인된 것은 대단한 사건이었다. 일제 강점기인 1932년 함경북도에서 구석기 유적이 발견되었으나 한민족의 역사가 자기들보다 앞선다는 사실을 인정하기 싫은 일본인들은 이를 의도적으로 감추었다고 한다.

손보기가 주도한 석장리 유적 발굴조사는 1964년부터 1992년까지 총 12차례 진행되었다. 해마다 구석기시대 전기·중기·후기 유물이 골고루 나왔고 구석기·신석기의 중간 시기인 중석기시대의 유물도 나왔다. 후기 구석기시대의 집터들도 발굴해 구석기인들의 생활환경과 일상에 관해서도 알 수 있게 되었다. 고래·물고기 등을 새긴 자취도 발견해 그들의 문화·예술·사상까지 이해할 수 있는 자료가 되었다.

국사 교과서를 바꾼 한국 고고학 1세대

손보기는 서울에서 출생해 연희전문학교와 서울대 사학과에서 공부하고 6.25를 전후해 서울대 사범대에서 학생들을 가르쳤다. 1954년부터 미국 UC버클리 대학원에서 역사학을 전공하며 록펠러재단 초빙 연구학자로서 연구했다. 1963년에 귀국해 연세대 사학과 교수로 일하기 시작해 25년간 재직했다.

그는 휘문중학교를 다닐 때 정지용, 이태준 선생으로부터 시와 산문을 배우고 연희전문 시절에는 윤동주·정병욱과 가까이 지냈다. 한글학자인 최현배의 영향도 있어서 손보기는 타제석기를 '뗀석기'로, 마제석기를 '간석기'로 바꾸는 등 일본식 용어를 순우리말로 고쳤다. 주먹도끼, 찌르개, 긁개, 외날찍개, 새기개, 밀개, 모룻돌 등의 이름도 그가 지었다.

손보기는 구석기 유적의 연대를 측정하는 데 나무 숯을 이용한 방사성 연대측정법을 도입한 선구자이기도 하다. 또한 그는 어린

석장리 발굴한 한국 구석기의 아버지 손보기

시절 아버지로부터 촬영은 물론 현상·인화하는 법까지 배운 덕에 석장리 발굴과정을 생생하고 충실히 사진으로 찍고 나중에는 영화 필름으로도 촬영해놓았다.

석장리 유적이 처음 발굴된 지 10년이 지난 1974년부터 국사 교과서에 구석기시대가 실리기 시작했다. 이전에는 고조선(단군신화)부터 실렸는데, 석장리 유적 발굴을 통해 우리나라 역사의 첫머리를 수십만 년 전까지 확장한 것이다. 손보기는 이후 제천 점말동굴, 단양 금굴 등 다른 구석기 유적도 발굴했다. 석장리 유적 발굴 때까지 우리나라에는 고고학을 정식으로 전공한 학자가 한 명도 없었다. 손보기는 석장리에서 살다시피 하며 낮에는 발굴하고 밤에는 영어·프랑스어로 된 구석기 고고학 서적을 연구했던 우리나라 고고학자 1세대다.

역사학자 손보기가 이룬 업적은 구석기 분야뿐만이 아니다. 신라의 장보고와 청해진을 연구했고, 미국 교포들의 독립운동을 《재미 한인 50년사》로 펴냈다. 고려 금속활자가 구텐베르크의 그것보다 200년 앞선 세계 최초임을 논증했다. '조선 전기의 통치구조'로 박사학위 논문을 써서 세종 시대의 백성을 위한 통치이념과 제도를 조명했다.

그는 자신의 이름 손보기를 가리켜 "집의 물건이 잘못 놓여있어도 고치고, 사람이 잘못되었어도 바로잡고, 뜻을 잘못 가졌으면 바

로잡는다는 의미"라고 말했다. 이런 성실한 삶의 자세가 한국사학
의 다양한 분야에서 의미 있는 연구 성과를 낳은 것이다.

2006년 공주시에서는 석장리박물관을 설립했다. 손보기는 여기
에 평생 모은 연구 자료와 유물 1만여 점을 기증하고 '파른 손보기
기념관'을 짓게 했다. 한국의 구석기문화를 대표하는 박물관이자
한국 고고학의 태두인 손보기를 기념하는 세계적인 명소다. 공주
시는 매년 5월, '석장리 구석기 축제'를 개최해 한반도에서 선사 문
화가 처음 시작된 곳으로서 공주를 널리 알리고 있다.

손보기 관련 유적과 유물

• 석장리 구석기박물관 / 공주시 석장리동 118

• 석장리 구석기 유적 / 사적 제334호 / 공주시 석장리동 98번지 등

함께 읽을 책

공주문화원,《공주의 인물》1~6, 2014~2019

공주시지 편찬위원회,《공주시지 2021》, 공주시, 2021

국립공주박물관,《공주의 명가》1·2, 2009·2011

국립공주박물관,《충청감영》, 2016

김정섭,《인물로 본 공주역사 이야기》, 메디치미디어, 2020

김진호 등,《공주 독립운동사》, 학고재, 2020

박선원·박맹수,《공주와 동학농민혁명》, 모시는사람들, 2015

송충기,《토건이 낳은 '근대'》, 공주대 공주학연구원, 2018

윤용혁·이해준,《역사 속 공주의 사람들》, 서경문화사, 2020

이찬희 등,《공주학개론》, 공주대학교 공주학연구원, 2021

정재윤,《무령왕, 신화에서 역사로》, 푸른역사, 2021

조동길,《공주의 숨과 향》, 한국문화사, 2015

지수걸,《한국의 근대와 공주사람들》, 공주문화원, 1999

최석원,《우경, 마곡사에 가다》, 한얼문화유산연구원, 2018

충남역사문화연구원,《갱위강국 백제의 길》, 메디치미디어, 2021

충남역사문화연구원,《근대도시 공주의 탄생》, 메디치미디어, 2021

충남역사문화연구원,《삶이 있는 이야기 충남》, 옹기장이, 2013

충남역사문화연구원,《역사의 보물창고 백제왕도 공주》, 메디치미디어, 2021

충남역사문화연구원,《한권 백제》, 로도스, 2013

충남역사문화연구원,《호서의 중심 충청감영 공주》, 메디치미디어, 2021

공주의 인물을 만나다

한국사에 새겨진 공주의
인물과 역사 이야기

김정섭 지음
ⓒ 김정섭, 2022

초판 1쇄 2022년 1월 26일 발행

ISBN 979-11-5706-253-9 (03910)

만든사람들
기획편집   배소라
책임편집   이형진
디자인   캠프커뮤니케이션즈
마케팅   김성현 김규리
인쇄   천광인쇄사

펴낸이   김현종
펴낸곳   (주)메디치미디어
경영지원   전선정 김유라
등록일   2008년 8월 20일 제300-2008-76호
주소   서울특별시 중구 중림로7길 4, 3층
전화   02-735-3308
팩스   02-735-3309
이메일   medici@medicimedia.co.krr
페이스북   facebook.com/medicimedia
인스타그램 @medicimedia
홈페이지   www.medicimedia.co.kr